带你感受文化的、自由的、承前启

我在台湾教语文

教孩子学会做人的《论语》

林淑芬◎主编

合著者：林淑芬 吴慧贞 林欣育
林盈盈 陈怡嘉 杨蕙瑜（排名不分先后）

台海出版社

图书在版编目（CIP）数据

教孩子学会做人的《论语》 / 林淑芬主编. — 北京：
台海出版社，2015.1 （2019.3重印）
（我在台湾教语文 / 赵涛，李金水主编）
ISBN 978-7-5168-0556-5

Ⅰ. ①教… Ⅱ. ①林… Ⅲ. ①儒家－中小学－课外读
物 Ⅳ. ①G634.303

中国版本图书馆CIP数据核字（2015）第015997号

著作权合同登记号：图字：01－2014－6707

本书为（台湾）五南图书出版股份有限公司 授权 北京兴盛乐书刊发行有限责任公
司在中国大陆出版发行简体字版本

教孩子学会做人的《论语》

主　　编：林淑芬	
合 著 者：林淑芬　吴慧贞　林欣育　林盈盈　陈怡嘉　杨蕙瑜	
责任编辑：戴　晨	装帧设计：尚世视觉
版式设计：孙玉红	责任印制：蔡　旭

出版发行：台海出版社
地　　址：北京市东城区景山东街20号，　邮政编码：100009
电　　话：010－64041652（发行，邮购）
传　　真：010－84045799（总编室）
网　　址：www.taimeng.org.cn/thcbs/default.htm
E-mail：thcbs@126.com
经　　销：全国各地新华书店
印　　刷：保定市西城胶印有限公司
本书如有破损、缺页、装订错误，请与本社联系调换

开　本：150×210　1/32		
字　数：116千字	印　张：7.25	
版　次：2015年5月第1版	印　次：2019年3月第6次印刷	
书　号：ISBN 978-7-5168-0556-5		
定　价：29.80元		

主编序
将《论语》的精神内化成生活态度

一本书的理想，如果可以易地万里而忠实呈现，这就是经典。

一本书的理论，如果可以横亘千年且依然实用，这就是经典。

一本书的实践，如果可以走入生活并应用自如，这就是经典。

《论语》是一本经历了千年考验的经典，它超效能的导引力量就像现今的强力LED灯般地节能、省电，不必花费任何的费用，只要将《论语》的精神内化成生活态度，便能从迷惘中找到安顿心灵的明灯。

《论语》的核心主张："行有余力，则以学文。"生活学习是所有智慧的导师，掌握生活中的身心力行，才会懂得与周遭和谐、互助。有智慧、守纪律、善良、谦虚等特质依然是立身处世的基石。今日我们仍可在中外的政治家、企业家、贤达人士等人的成就事例中，找到论语精神在他们身上所产生的智慧力量。

笔者在二〇一〇年荣获"公益信托星云大师教育基金"、第十一届"POWER教师"高中职组卓越教师奖首奖的肯定后，深觉更应该为教育领域多一些回馈。于是慎重地邀请台北市立大安高工五位优秀的年轻教师共同参与本书的编写工作，透过第一线教师对学子在生活学习上的了解，进行"论语生活化"的笔耕沟通，希望能藉由活泼开阔的思考模式，重新诠释论语思想在现代生活中的实践，拉近青年学子对《论语》与生活的距离感。希望在一篇又一篇精彩有趣且具有实证性的文章中，激发学生"实践论语"的行动力，自觉地将文明精髓"温、良、恭、俭、让"融入到个人的身心行为中，让年轻的心了解：只要专注坚持，每个梦想都有起飞的力量！

在这本书编写工作期间，团队的热情和能量经由一次又一次积极且专注的讨论，理想渐次地紧密融合；更在成员每一次的坚持与协调中，取得了《论语》新证的成果：一本符合《论语》主张的"生活智慧书"，写给青少年看的"流畅故事书"，没有严肃的教条，更能激起莘莘学子的文化实践力。

孔子认为：所有的幸福来自于"单纯的心灵——诚恳"。当我们对于外在的事物不再苛求，反而能以欣赏、关注的心思相待时，心灵的平静正是再度出发的力量。心灵上的富足与金钱、名利无关，真诚自在才是弥足珍贵的动力。在"分享、关怀、尊重"的互动下，在和乐融融的气氛中，每个人都可以努力地朝愿景成长。拥有生命的自信，就能顺畅地享受生命中的幸福！

先贤曾说："读书最能益人神智，变化气质。"事实上，读书除了现实的、世俗的好处之外，更重要的是能够造就人品，从书中得到的是一种信念、一种灵性、一种使命，以及一种人格。在每个年轻的学子心中实践"奉献、付出、认真"等传统精神，建立真正儒家文化的生活家园，藉着个人的实际行动传达了儒学的气度与胸襟。

本书的编写者共同的百年期许是：年轻的学子可以掌握"至圣先师"的真知灼见，在生活的努力中快乐地往前行，为自己赢得鸿鹄志业！

目 录

谈道德修养　孔子的为人

目录

三

孔子的弟子

孔子的弟子一：朽木别再睡了！宰我，醒醒！／一九四

孔子的弟子二：谁能比我更富有？／二〇〇

孔子的弟子三：好还要更好，曾参做得到！／二〇五

孔子的弟子四：六十六天护一生！／二一〇

孔子的弟子五：颜渊，不要再撑啦！／二一六

孔子的为人

孔子的为人一：从"台东阿嬷"
到"山东阿伯"

杨蕙瑜

原 文

（一）颜渊、季路侍。子曰："盍①各言尔志？"子路曰："愿车马衣轻裘与朋友共敝之而无憾。"颜渊曰："愿无伐善②，无施劳③。"子路曰："愿闻子之志。"子曰："老者安之，朋友信之，少者怀之。"《公冶长第五》

（二）长沮、桀溺耦④而耕，孔子过之，使子路问津⑤焉。长沮曰："夫执舆者⑥为谁？"子路曰："为孔丘。"

---

① 盍：何不。
② 伐善：夸耀自己的才能。
③ 施劳：张扬自己的功劳。
④ 耦：两人并耕。
⑤ 问津：询问渡口在哪里。
⑥ 执舆者：在车上执辔（pèi）的人。

曰："是鲁孔丘与？"曰："是也。"曰："是知津矣。"问于桀溺，桀溺曰："子为谁？"曰："为仲由。"曰："是鲁孔丘之徒与？"对曰："然。"曰："滔滔者天下皆是也，而谁以易之？且而与其从辟人之士①也，岂若从辟世之士②哉？"耰③而不辍。子路行以告。夫子怃然曰："鸟兽不可与同群！吾非斯人之徒与而谁与④？天下有道，丘不与易也。"《微子第十八》

（三）子路宿于石门。晨门曰："奚自⑤？"子路曰："自孔氏。"曰："是知其不可而为之者与？"《宪问第十四》

————————

① 辟人之士：指孔子，因孔子周游列国，人人皆不重视其学说，与世人不相苟合，故谓。
② 辟世之士：桀溺自谓，因其认为天下纷乱，无法改变，故选择隐居以避世。
③ 耰：yōu，古代弄碎土块、平整土地的农具；播种后翻土、盖土。
④ 吾非斯人之徒与而谁与：意谓如不与世人相处，那要跟谁相处在一起呢？
⑤ 奚自：自何处前来。奚，何。

导读：不悔的入世情怀

如果社会上没有一双不悔的手，默默拉近你我的心，即使是居住如骈肩杂沓般拥挤，心的距离依然遥远，冷漠将找不到温暖心灵的力量。

陈树菊说："拿钱去帮助人，其实自己收获很大。"在现今物欲横流的社会中，还有这种想法的人可说是稀有动物了。我们天天在新闻上看到的，不是为了满足物质享受而轻易出卖肉体，就是无所不用其极地行抢诈骗，每一个偏差的行为的背后都是自私的物欲横流，令人怵目惊心，担心着社会风气如何挽救，却也只能无奈的感叹。在这位卖菜阿嬷尚未成名前，她这种"赚钱给别人花"的行为，在许多人眼中恐怕是个再笨不过的傻子了！他们肯定在内心偷笑，"有钱当然要自己花，何必累垮自己，为人作嫁呢！"、"靠这点微薄力量，怎能改变社会？别傻了！"然而，台东阿嬷一点也不后悔，她省吃俭用，她积少成多，或许你不相信，多年来她竟捐出了将近一千万作为慈善用途。她说："我要让穷人也可以安心吃饭、看病、上学！"她希望的是让这个社会更加美好，而且她滴水穿石，以具体的行动完成了"社会安宁"的理想。

仔细瞧瞧，这位台东阿嬷的善行居然与几千年前"山东阿伯"孔子的志向不谋而合。"盍各言尔志"一章中道出孔子企盼建立和谐社会的心愿，或许有人认为孔子是在说大话，其实不然。稍微有一点社会关怀的人，都期许自己生活的环境能让每个人各得其所。最好不要再有独居老人饿死、冻死，孩童再被虐死、打死；不要再有青少年加入黑帮、逞凶斗狠；接起电话时，听到的不再是"你的孩子被绑架了"的拙劣台词。这不正是"老者安之，朋友信之，少者怀之"的世界吗？只不过，台东阿嬷选择默默捐钱行善，一点一滴慢慢改善社会；孔子则带领众多弟子周游列国，寻求当政者的支持。他们竭尽一生的努力，完成"利益大众"的理想。

长沮、桀溺则代表了另一种相反于孔子的典型，他们在乱世中选择隐居，独善其身。他们讥讽孔子，与其走到哪都不能相容于人，不如顾好自己就好。其实，孔子当然知道独善其身是最轻松、最简单的处世方式，也明白自己的作为在别人看来只是一股傻劲；但即使受到无情的嘲讽，他也没有后悔选择了一条崎岖难走的路。正因为天下无道，才需要以具体的行动挺身而出；否则若你我都抱持着自扫门前雪的冷漠心态，理想社会便永无实现之日了。

不过，还好孔子尚有知音。石门的守卫一语道出他"知其不可而为之"的生命情调，其中有赞叹，有佩服。赞叹在乱世中，孔子的愿意承担使命；佩服在恶劣的环境下，孔子的力求突破重围。孔子师徒在陈蔡绝粮时，我们也看到了这位老夫子坚毅的态度，当子路质疑君子也有这么狼狈的时候，孔子说"君子固穷；小人斯滥矣"，藉此告诉弟子们即使遭逢困厄也要坚守正道。孔子以实际行动证明人之所以为人的价值，不论成败如何，都要依仁行事。

因为价值，所以不悔；因为不悔，所以不朽。从台东阿嬷到山东阿伯，他们都有着令人敬佩的不悔情操。

延伸思考

一、从"盍各言尔志"一章，我们看到了子路、颜渊、孔子的志向，你是否也有自己的志向？

二、孔子和长沮、桀溺各代表了"入世"和"出世"两种不同的生命姿态，如果是你，在乱世中，你会选择哪一种面对社会的态度？

三、你认为生命中最重要的价值为何？

引导式作文

苏格拉底 ："世界上最快乐的事，莫过于为理想而奋斗。"你是否也有生命中愿意为之奋斗的梦想？这个梦想是什么？而你又该如何实现自己的梦想呢？

请以《我的梦想》为题，写作一篇作文。

孔子的为人二：从王建民的伸卡球谈起

杨蕙瑜

 原文

（一）子曰："我非生而知之者，好古，敏①以求之者也。"《述而第七》

（二）叶公问孔子于子路，子路不对。子曰："女奚不曰：'其为人也，发愤忘食，乐以忘忧，不知老之将至云尔。'"《述而第七》

（三）子曰："十室之邑，必有忠信如丘者焉，不如丘之好学也。"《公冶长第五》

---

① 敏：敏捷勤奋。

（四）子入大庙①，每事问。或曰："孰谓鄹人之子②知礼乎？入大庙，每事问。"子闻之，曰："是礼也。"《八佾第三》

导读：不倦的好学精神

二〇〇五年绝对是所有台湾棒球迷难忘的一年，因为那一年，王建民披着纽约洋基队的球衣，站上世界顶尖的棒球舞台——美国职棒大联盟。

之后，王建民靠着犀利精准的快速伸卡球及冷静的危机处理能力，连续两年缔造十九胜的傲人佳绩；二〇〇八年，他更获球队信任与肯定，担任该季开幕战先发投手，并以优异表现获得胜投，成为洋基队最倚重的王牌。二〇〇九年，洋基新球场正式启用，王建民不但获选为看板八球星之一，更得到开幕先发这项历史性的殊荣。这位"滚地球王子"在台湾掀起一股惊人的棒球热潮，只要有王建民出赛，大家就算爆肝也要死

---

① 大庙：天子为祭祀其祖先而兴建的庙宇。
② 鄹人之子：不仅指孔子年少，亦有轻视之意。鄹，zōu，即"邹"。鲁邑名，今山东曲阜县东南。古孔子的家乡。

守在电视前观赏加油；素有"邪恶帝国"之称的纽约洋基队也因此多了不少华人球迷。

然而，在学生时代，王建民并不是最受瞩目的选手；默默无闻的他，前途自然不被看好，可是他却是个相当认真的球员。当时，教练规定每天要跑三十圈，他一定确实跑完；教练说每天要投一百球，王建民绝对扎扎实实完成。乖巧的王建民曾说："教练叫我做什么，我就会努力地去做好它。"他把合理的要求当训练，不合理的要求当磨练。正是这样的理念，支持他在棒球的路上努力不懈；正是这样踏实苦练的态度，使他累积了充足的实力与能量，在适当的时机发挥到极致。

到美国打球之后，为了上大联盟，教练建议王建民增加一种致胜球路，以对付更高等级的打者；于是他开始苦练伸卡球，以最高的标准要求自己，不但进垒角度要精准，更要速度的配合。因为对手比自己更强，练到好不够，还要练到完美。练习时，他总是第一个到球场，即使成为洋基王牌后，亦是如此。曾有台湾记者要访问王建民，希望捕捉到他进球场的第一个镜头；然而当记者七点多到球场时，却发现王建民已经在场边练习，甚至比警卫还早到，不管当天是否上场，勤奋态度一如平常。

所以，"好学"并不专指课业方面的静态学习，还泛指对一切事物专注、执著、不懈、热情地钻研。当我们看到某些人光鲜亮丽的成就时，往往投以欣慕的眼光，甚至断定他们是天才。不过别忘了，世界上没有一个人是生而知之者，即使资赋优异，也必须经过百分之九十九的努力，才能成就原有的天份。王建民如此，孔子亦是。孔子之所以知识渊博、学贯古今，绝非偶然，而是经过不断地苦读和学习。他常说自己因为年少微贱，所以习得许多技能，他——只是比一般人更勤奋敏捷。

不过还要提醒自己，学无止境，有时我们学习到一定的程度，具有相当水准时，往往就放不下身段去发问，总觉得有失颜面。看看孔子，即使他已通达礼仪，到了太庙，他知道自己在实务上仍有许多不熟悉之处，但他没有掩饰，孔子认为"知之为知之，不知为不知，是知也。"他不懈地发问，藉此充实自己。他真的可以骄傲地说十室之邑，没有比自己更好学的人了。

知识就是力量，唯有好学不倦地汲取各种新知，才能壮大自己的能量；也唯有热情地投入、不懈地探究，才能真正获得学习的乐趣。

延伸思考

一、孔子说："知之者不如好之者，好之者不如乐之者。"你认为其中的差别何在？

二、看完王建民的例子，你认为成功需要具备哪些条件？

引导式作文

俗话说："活到老，学到老。"人生无时无刻不在学习，学习是一种能够满足精神需求的活动。你是否也曾在学习中获得乐趣？

请以《学习的乐趣》为题，写作一篇作文。

孔子的为人三：文化教父与电脑教父

（一）太宰①问于子贡曰："夫子圣者与？何其多能也？"子贡曰："固天纵之将圣②，又多能也。"子闻之，曰："太宰知我乎？吾少也贱，故多能鄙事。君子多乎哉？不多也。"牢曰："子云：'吾不试，故艺③。'"《子罕第九》

（二）子曰："吾十有五而志于学，三十而立，四十而不惑，五十而知天命，六十而耳顺，七十而从心所欲，不逾矩。"《为政第二》

（三）季路问事鬼神。子曰："未能事人，焉能事

---

① 太宰：官名，为执掌国政的列卿之一。
② 将圣：大圣。
③ 吾不试，故艺：我不为世所重用，故学会了许多技艺。试，用。

鬼？"曰："敢问死。"曰："未知生，焉知死？"《先进第
十一》

导读：操之在己的生命姿态

谈到台湾的电子业，宏碁电脑的丰功伟业总令人啧啧称
奇。宏碁公司于一九七六年创立，登记资本额只有一百万台
币，员工仅十一人；但如今它已成为家喻户晓的世界品牌。而
宏碁的成就，除了在电子业上屡创佳绩外，更重要的是，它
培养了许多优秀的业界人才。而打造这个电脑王国的灵魂人
物，则是前阵子已光荣退休的董事长施振荣。

施振荣出生于彰化鹿港小镇的清苦家庭，父亲在他三岁
时去世，因此家里的重担便由母亲一肩挑起。施振荣从小帮着
母亲卖鸭蛋，赚取微薄的生活费，过程虽然辛苦，但他从中领
悟到一个道理：薄利多销。卖出一颗鸭蛋的利润当然不多，但
积沙成塔、积少成多，只要卖出一定数量，也能累积相当的财
富。就这样，在他心中便深植着这项成功的秘诀。

后来，施振荣考上交通大学，但他并不是只会念书的书

呆子，除了学业以外，施振荣还创办了摄影、桥牌、桌球等社团。他回忆道："我从社团活动培养出组织能力及与人相处之道，并从中获得自信和人缘。"创办宏碁时，施振荣运用他在求学及成长过程中体悟到的人生哲学，以"人性本善"的理念领导企业，营造出和谐的氛围。宏碁创业元老黄少华便表示："除非获你的同意与了解，否则施先生绝不会勉强你去做任何事。"也因此，员工都能在"人和"的工作环境中开发新产品，持续进步。风靡一时的小笔电，改良了传统手提电脑笨重的缺点，方便携带，小巧精致，价格亦更亲民，难怪能创下销售奇迹，而这正符合了薄利多销的"鸭蛋哲学"。

可见，生命中所发生的每一件事，绝不是偶然，也不只是挫折；相反地，这些都是日后造就自己的关键与动力。

孔子一样出身单亲家庭，由母亲扶养长大，为了生计，他曾替人管理仓库、豢养牛羊，从贫贱中习得各种技能。所以，别错认学富五车的孔子只会念书！他在弟子眼中不但是圣人，而且是"多能"的圣人。

不过，孔子周游列国，希望得到各国国君认同的过程，并没有想像中顺利，甚至还三番两次受辱。然而，乖舛的人生并没有妨碍智慧的增长；反而让孔子在不断受挫中，更确立自己的生命态度。从十五岁时立志向学，满腔热情；三十岁卓然而立，建立明确的价值观；四十岁时，即使屡遭挫折，他仍不疑惑，仍不动摇信念；五十岁时，他认清自己传承文化的使命；六十岁时，面对外在毁誉，他超然看待；七十岁时，他的一言一行，均能从容中道。孔子的生命历程，即树立了"任重道远"的生命典范。

孔子让我们看到"人"本身的力量——人的命运操之在己。孔子不谈神神鬼鬼那些未知的神秘，因为人应当把握的是自己在有生之年的理想实践，而不是难料的死后世界。

对人道的肯定，是孔子的重要贡献，也是孔子从处处磨难的真实生命中，所体现的珍贵价值。

延伸思考

一、你认为这世界上有鬼神吗？你如何看待这个神秘的未知领域？

二、你希望自己在三十岁和四十岁时，达到的目标有哪些？为什么？

引导式作文

从孔子的生命故事中，我们可以领悟到"际遇决定能力"的道理；其实，生命中所发生的每件事，都是日后影响自己的关键。

请以《影响》为题，写作一篇文章。

孔子的为人四：至圣先师也是性情中人

 杨蕙瑜

原文

（一）子之武城，闻弦歌之声，夫子莞尔①而笑，曰："割鸡焉用牛刀②？"子游对曰："昔者偃也闻诸夫子曰：'君子③学道则爱人，小人④学道则易使⑤也。'"子曰："二三子！偃之言是也。前者戏之耳！"《阳货第十七》

（二）颜渊死，子哭之恸。从者曰："子恸矣！"曰："有恸乎？非夫人⑥之为恸而谁为⑦？"《先进第十一》

---

① 莞尔：微笑的样子。
② 割鸡焉用牛刀：意指治小邑，何必用礼乐大道。
③ 君子：在上位者。
④ 小人：平民。
⑤ 易使：指易于服从在上位者的教令。
⑥ 夫人：这人。夫，这。
⑦ 谁为：即为谁。

（三）子食于有丧者之侧，未尝饱也。子于是日哭，则不歌。《述而第七》

（四）子与人歌而善，必使反之①，而后和之。《述而第七》

 ## 导读：大人亦不失其赤子之心

如果你以为孔子是个不苟言笑又古板顽固的糟老头，那你就大错特错了。也许因为孔子儒家始祖、文化巨人的形象太根深蒂固了，使他在大家心中成了不折不扣的保守派代表。

其实，孔子并非遥不可及的圣人，他和常人一样，有喜怒哀乐，有情绪起伏，也会犯错，甚至还会和弟子开玩笑呢！

子游是孔子得意门生之一，他在担任武城宰时，将武城治理得有声有色。孔子去看子游时，却开玩笑说了一句"割鸡

---

① 反之：重复再唱一遍。

焉用牛刀？"意即治理小邑何必如此用心！乖巧老实的子游马上说明自己所为，正是体现老师"礼乐治国"的理念；孔子闻言立刻察觉自己失言，也立刻改口，肯定子游。这在一般师生关系中是很难得的，因为许多老师总认为自己高高在上、不容质疑，承认自己的错误更是难上加难。可是，孔子没有掩饰自己的过失，更没有对子游发脾气，而是以一种幽默轻松的方式化解彼此的尴尬，高度EQ令人激赏。

因为懂得自省爱人，孔子和学生之间的感情也相当深厚。颜渊死时，孔子悲痛莫名；子路惨遭不幸后，他哀恸万分；冉伯牛病重，孔子大呼"斯人也而有斯疾也"。如果不是情谊非常，怎会待学生如待亲子。此时，孔子不只是传授学问的经师，更是肝胆热切的人生导师。

此外，孔子也和现代人一样爱唱歌，如果春秋时代有卡拉OK，相信他一定也乐在其中。他曾听到尽善尽美的韶乐，陶醉其中以致"三月不知肉味"；每当别人唱出悦耳的歌声时，他甚至会忘我地跟着歌唱。令人惊讶吧！大师一点也不枯燥乏味，他也有休闲娱乐，更懂得享受生活。

当然，孔子也有沮丧的时候，除了周游列国不受重用外，他只要参加丧礼，便会难过得吃不下饭，当天不再唱歌。这都是因为孔子能发自内心感同身受他人的不幸，哀矜勿喜。

所以，别再只是把孔子当作一尊供人膜拜的神像了！他不是遥远的传奇，他是活生生的人，充满真诚的生活感受的达人。套一句周星驰在电影《食神》中的经典台词："原来大师您也是性情中人啊！"以"性情中人"来形容孔子，一点都不为过。

延伸思考

一、你所认识的孔子是否如文中所述？抑或有其落差？看完这篇文章，你是否对孔子的印象改观？

二、你认为身为一个人，所必须具备、绝不能失去的能力为何？为什么？

引导式作文

作者巴吉尼最新畅销力作《你以为你以为的就是你以为的吗》一书中，指出人往往误信错误的理论，而陷入自以为是的矛盾。其实与人相处亦是如此，我们容易有"刻板印象"及"先入为主"的毛病，以为对方就是自己所想像的那样，事后才发现不然。你是否也有过类似的经验？

请以《曾经，我以为……》为题，写作一篇文章。

谈道德修养

谈道德修养一：专家学者说的话 一定可靠？
——错误的观念要靠自我省察导正

吴慧贞

原 文

（一）子曰："君子不以言举人①，不以人废言②。"

《卫灵公第十五》

（二）子曰："众恶之，必察焉；众好之，必察焉。"

《卫灵公第十五》

（三）子曰："视其所以③，观其所由④，察其所安⑤，人

---

① 以言举人：因为相信一个人的话语便提拔他的地位。
② 以人废言：因为讨厌一个人的行为便忽视他的言论。
③ 所以：其行为。
④ 所由：其原因。
⑤ 所安：其所好。

焉廋^①哉？人焉廋哉？"《为政第二》

 ## 导读：孔子教你看穿"马多夫骗局"

　　道德修养的第一步，就是要省察自己的想法，找出错误的观念。想找出这些错误是有秘诀的，孔子说："不以言举人，不以人废言"，又说："视其所以，观其所由，察其所安，人焉廋哉？"为什么与人相处要这么麻烦？既要观察他的言语、又要审视他的行为？考虑这么多，难道不辛苦？

　　其实，我们的日常生活里充斥着种种错误的认知或观念，举例来说，由专家学者参与或佐证的广告中，就是巧妙地利用一些暗示，让你在不知不觉中荷包大失血！这类广告往往以专业的术语、诚恳的态度，就能提高消费者的购买意愿，例如："肥胖容易造成高血脂，对你的健康有莫大危害！"你的心里就会自动产生"购买超级疗效"药物的冲动了！

　　心理学家证明，人们倾向于相信专家学者的话语，即使

---

① 廋：隐藏。

我们压根儿听不懂他们所说的术语。为了让我们购买产品，不管是否真的需要，广告商会利用我们"相信专家话语"的认知弱点，刺激我们产生冲动消费的行为；而消费者会在不知不觉中，以为自己如同专家所说的一样，需要这些产品来让自己变得更好。这就是厂商愿意花高额费用来频打广告的原因啊！

金融海啸的第一波——"马多夫骗局"，就是彻底操作我们的错误认知，造成全球投资者五百亿美元以上的可怕损失的"专家骗术"。当前那斯达克主席马多夫以他专业的身分、和善的态度、坚定的语气，向你介绍能轻松致富的"对冲避险基金"时，就算你听不懂对冲避险基金是什么，也无所谓了！只要听到"轻松致富"四个字，大笔的资金就会自动到位了！马多夫利用人性弱点，取得众多名人的信任，甚至骗过了美国证券交易委员会等监管机构。当这场上演了二十多年的骗局在二〇〇八年被揭穿时，投资人才大梦初醒：我们太相信"马多夫主席"这块金字招牌了！

电影《华尔街》有一句名言："钱从不休息"，其实人的贪婪才是从不休息的！它总是伺机而动，而且往往能将你内心深处的欲望改头换面，用各种巧妙的言语或表象重新包装，让你不知不觉就掉进错误的陷阱之中。所以孔子提醒我们："视其所以，观其所由，察其所安，人焉廋哉？"专家学者不见得可靠，因为我们可能被他的身分、地位、头衔给蒙蔽，而轻信他的话语，不自觉地将自己的欲望合理化！

如果专家的话语能被利用，以此类推，你身边一定也会有许多类似的情节不断上演，只不过是换个对象、改个说法而已。因此，保持独立思考的能力，不要盲从众人的喜好，也不要轻易随顺大家的意见。"众恶之，必察焉；众好之，必察焉"，唯有保持警觉，经常自省，才能发现自己即将犯下的错误，进而制止。所以说，自我省察，便是道德修养的第一步。

延伸思考

一、美国热门影集《CSI犯罪现场》，以先进又科学的办案手法，快速破解各种悬案，引起全球观众广泛的讨论与热爱。但你知道这部影集的大受欢迎，反而使美国警方的破案率降低吗？为什么？

二、你能否指出"马多夫骗局"之所以能够成功，是运

引导式作文

一般人只愿意相信自己所相信的事物，而不去真正思考它的意义。在电影《为爱朗读》中，女主角尽忠职守，确实执行长官"屠杀犹太人"的命令，换来的结果却是国际法庭对她冷血的指控与严厉的审判。这个故事不禁令人怀疑："一个人所深信不疑的信念，一定就是完全正确的吗？"

请以《我相信》为题，写出你相信的价值观念，并且阐发这项价值观念正确的实践之道。

谈道德修养二：圣人也会看走眼？

——孔子的修养在于：知错能改

吴慧贞

原 文

（一）子曰："君子不重则不威，学则不固①。主②忠信，无友③不如己者。过，则勿惮④改。"《学而第一》

（二）子贡曰："君子之过也，如日月之食⑤焉。过也，人皆见之。更⑥也，人皆仰之。"《子张第十九》

---

① 固：坚实。一说以"蔽塞"解。
② 主：亲近。
③ 友：动词，"结交"之意。
④ 惮：害怕。
⑤ 食：蚀。
⑥ 更：改。

导读：报告！孔子要来改过销过！

要避免犯错，我们需要自我省察的工夫；而如果已经犯错了，那就应当勇于改过。孔子便为我们留下了最好的示范。

大家可能以为孔子是个不会犯错的圣人，事实恰恰相反，在《论语》的记载里，孔子就曾大方承认自己犯过的错。

话说孔子也曾是个单纯的老师，对学生非常信任，以为聪明的学生一定是乖乖牌、模范生。不过宰我这位学生却让孔子彻底改观了！大部分的学生都是白天好好上课，晚上再"周公online"。宰我效率极高，他毕其功于一役：一边上课、一边"online"！

就算好不容易下线了，宰我也不见得会好好听课。他会利用下课时间，精神饱满地缠住老师，口沫横飞地与老师争辩着社会中有待改进的现象，例如守丧时间的长短会影响人民生活之类的问题。其实宰我所提出的意见极有见地，否则怎能跻身为"言语"类的优秀学生？但是，他的学习态度却令孔子很不以为然，而多次纠正他；可是宰我却利用自己的口才跟老师"诡辩"，令孔子气愤不已。所以孔子才会语重心长地说："本来我对一个人，听了他的话，便相信他的人。但现在我对一个人，听了他的话，还要观察他的行为。这是因为宰我的关系，才让我改过的啊！"

知错能改，善莫大焉！经过一次误判教训，我们的至圣先师孔子，一定能不贰过了吧！其实不然，在《大戴礼记·五帝德》的记载里，除了宰我，孔子还错看了澹台灭明和子张。一般人常常不自觉地掉入认知观念错误的陷阱之中，孔子也不例外。但是不同的是，孔子勇于认错，并且积极改过。他把自己的经验，化成智慧告诉我们："本来我会用一个人的长相去评断人，但是澹台灭明让我改正了！本来我会用一个人的言语去评断人，但是宰我让我改正了！本来我会用一个人的外貌去评断人，但是子张让我改正了！"

圣人也会犯错，但不以犯错为耻，反而是从错误中汲取教训，并且将经验升华为智慧，传授学生，以为警戒。因为有道德修养，所以圣人比一般人更能做到"过则勿惮改"。难怪子贡说："君子的过错就像日月蚀，有错大家都看得到，改过大家也看得到。"孔子"销过"的方式，就是分享他的经验，将这些智慧薪火相传，让后人别再重蹈覆辙。

报告各位！孔子不仅仅是递出销过申请单而已，更在实际的改过行为中传达出道德修养的智慧给我们，那么我们呢？

延伸思考

一、你能分辨"低头"与"认错"的不同吗？

二、你觉得"认错"与"改过"哪一个比较困难？为什么？

引导式作文

犯了错误却不愿认错的人，是因为自尊心太高，还是自卑心作祟？害怕别人对自己有负面看法的人，是没有自信的表现，还是自我感觉太过良好？看看别人，想想自己；他山之石，可以攻玉。

请以《自尊与自卑》为题，写下你的自我剖析。

谈道德修养三:像孔子一样用脚拯救世界

——道德实践不能空口凭说

吴慧贞

（一）子曰："古者言之不出①，耻躬之不逮②也。"
《里仁第四》

（二）子曰："君子欲讷于言③而敏于行④。"《里仁第四》

---

① 言之不出：话不轻易说出口。
② 躬之不逮：无法亲自做到。躬，亲身。逮，及。
③ 讷于言：言语谨慎，看似迟钝。讷，迟钝。
④ 敏于行：行动勤敏。

导读：从迈克尔·杰克逊的MV到手中的
　　　一瓶可乐

拯救世界，我们可以吗?

二〇〇九年逝世的流行音乐之王迈克尔·杰克逊，是多项金氏世界纪录的保持人，其中一项是"世界上慈善捐款金额累计最高的艺人"。杰克逊以雄厚的财力，成立十个以上的慈善基金会，固定资助三十个以上的慈善机构，捐款金额累计超过三亿美金。由于在慈善事业上的重大贡献，杰克逊在一九九八年以及二〇〇三年两度被提名为诺贝尔和平奖候选人。

一九九一年底，杰克逊发行个人第四张专辑《危险之旅》。在这张专辑中，最受欢迎的作品包含了著名的反战歌曲《Heal the world》。如果你看过这首歌的MV，一定永生难忘：一名天真无邪的小女孩，奔向全副武装的士兵，开心地将手中的一朵鲜花献给他；画面背景是一片断垣残壁，坦克车雄据其中。这支MV的拍摄地点不是好莱坞的片厂，而是货真价实的战场——波斯尼亚。

一九九二年，位在"欧洲火药库"的南斯拉夫联邦解体爆发内战。估计在这场战争中死亡的人数高达二十万人，有两百万以上的平民流离失所。

同年，迈克尔·杰克逊在欧洲举办《危险之旅》世界巡回演唱会，重点是，他的"危险之旅"是来真的：杰克逊于十二月份挺进战区赛拉耶佛，将四十七吨的救济物资、三万盒玩具与文具送达灾民手中。他还利用世界巨星的地位，说服开战双方停火一个月，让他拍摄《Heal the world》的MV。不过一周后，MV拍摄因双方再度开火而不得不中止。世人以为杰克逊只是在炫耀自己的财富与地位，但是没有经历过战争的人，哪里知道在这短短一周，饱受战火摧残的难民终于不用冒着生命危险、穿越驳火区才能到达联合国物资发放处，或者更幸运的是部分难民来得及逃到停战区避难！

迈克尔·杰克逊竭尽全力、毫无保留地为这个残酷的世界带来和平与希望。你可能会说，我们又不是富可敌国的杰克逊，怎么可能达到像他那样的成就！

没错，我们不是杰克逊。但这并不妨碍我们为世界贡献心力的决心，也不能阻止我们为世界争取和平的举动。只要你改变小小的饮食与生活习惯，就能为世界带来大大的改变。在瑞典的"公平贸易城"马尔摩，消费者除了红色瓶身的饮料，还有另一种选择：每买一瓶ubuntu可乐，就捐出百分之十五的利润给非洲马拉威的蔗农。"拯救世界"可以只是四个字，更可以是一种"生活方式"。就像孔子一样，用两条腿从年轻走到老，忘却操劳，就为了"拯救世界"这个理想。

让我们回到本文开头：拯救世界，我们可以吗？

延伸思考

一、"节能减碳"是目前的国际趋势，请问你知道哪些有效又简单的方法可以实践这个目标？

二、请问"先天下之忧而忧，后天下之乐而乐"的道理和你的生活怎么连结起来？

引导式作文

我们的每一天都仰赖许多人的帮助，才能过着有品质、有尊严的生活。反过来说，我们每一个发自善意的行动，就是我们对这世界的回馈，是这世界微小而重要的倚靠。孔子和迈克尔·杰克逊用身体力行实践了拯救世界的心愿，而我们也同样具备巨大的力量，足以撼动整个宇宙！

请以《小行动，大力量》为题，写作一篇文章，并时刻实践，终身不忘。

谈道德修养四：求仁得仁，有何可怨

——道德的最高境界是什么？

原文

（一）子曰："朝闻道①，夕死可矣。"《里仁第四》

（二）子曰："德不孤，必有邻②。"《里仁第四》

导读：美国队长的胸肌与至圣先师的胸襟

美国队长史蒂芬·罗杰斯是"惊奇漫画"的众多英雄角色之一。不同于其他角色，他既不像蜘蛛人一样能够飞檐走壁，也不像钢铁人一样拥有庞大家产。事实上，这位英雄只是

---

① 朝闻道：朝，早上。闻，听闻、明白。
② 邻：亲近。

三八

一个实验下的白老鼠；只不过这只白老鼠从受人欺凌的"弱鸡"，摇身变成人见人爱的猛男。在二〇一一年上映的电影版本中，美国队长牺牲小我，完成大我，以盾牌粉碎了邪恶势力红骷髅统治世界的美梦。片中最后，他从容就义，没有畏惧；留给女主角的，只有一个无法赴约的承诺……

你不觉得奇怪吗？我们所接触到的英雄、伟人以及圣贤事迹，几乎都有一个共同点：他们都能临死不惧。即使风雨飘摇、环境险恶，他们永远抬头挺胸、视死如归。你知道为什么吗？就让孔子来回答你吧！

公元前四八九年，孔子在陈、蔡之间遭遇有生以来最大的危机。他和学生在只有四堵土墙的屋子里避难，七天没有粮食可吃；而且当时孔子已高龄六十三岁，随时有失去生命的可能。学生们情绪浮躁，质疑老师坚持理想的下场，为何却是仓皇落难？

但是面对学生信心衰颓的质疑，孔子坚定地回答："君子在困顿时不会委靡不振，在忧愁时也不会颓废消沉。能在陈、蔡之间受困，是我的幸运；而你们能跟我一起受困，表示你们也是有幸之人。因为人君不受困，便无法成为圣王；国士不受困，便无法成为良臣。"

孔子接着说："这次的遇难，就是激励我们向上、磨砺我们志节的考验。这是一次宝贵的契机啊！"

一般人遭遇困境，只会选择消极逃避，怨天尤人；但是孔子不同，他把它视为一次生命成长的宝贵契机。因为只有在最穷困的时候，小人才会卸下温文有礼的面具，显露出自私自利的本来面目；只有真正的君子，能够处之泰然，不改其色。因为君子面对顺境与困境的态度，始终如一，所以比一般人更能坚定自己对生命理想的追求。

"造次必于是，颠沛必于是"，道德修养是终身的实践，不是一时的口号；而造次、颠沛都是人生的困境，最能考验出自己对理想的坚持与否。所以孔子曾说，君子"有终身之乐，无一日之忧"。君子之乐就是能够时时刻刻沉浸在道德实践的快乐中，因此英雄、伟人和圣贤，都能当仁不让，都会视死如归。美国队长不是靠结实的胸肌拯救美国，而是用宽广的胸襟去激励人心、影响世界。当他面临世界和平与个人情爱的抉择时，他可以慨然赴义，没有迟疑。因为道德实践是他的终身职志，既然已经实践自己坚持的理想了，死亡就不是一种难以克服的障碍，而是一道可以轻易跨越的界线而已。

你担心世界末日吗？这是假设性的问题，同时也是最能试炼人心的问题。君子与小人，会有截然不同的答案。

延伸思考

一、请严肃面对"死亡"这个课题，想像一下，当你接近死亡时，会有什么样的心境？

二、什么是你可以终身实践、奉行不辍的真理？

引导式作文

一九九五年四月十九日，一篇十二岁巴基斯坦童工遭到杀害的新闻，让一个年仅十二岁的加拿大男孩克雷格·柯伯格发起改变世界的行动——解放儿童。同年十二月，克雷格便展开他的"南亚之旅"，亲眼看到童工的悲惨生活：四百万尼泊尔童工在世界屋脊为欧美登山客背负超重行李，六千万印度童工从事辛苦的球鞋缝制与细腻的地毯编织、危险的烟火制造与饱受感染威胁的针筒拆卸工作，以及东南亚雏妓盛行的风气。现在，克雷格·柯伯格仍然在为全球的童工奔走奋斗，并且三度获得诺贝尔和平奖提名。看到他的故事，你还能无动于衷吗？这个世界需要你的行动！不是将来，就是现在！

　　请以《世界因我而改变》为题，写作一篇文章，因为不论你是成人或小孩，都是改变世界的关键力量！

谈仁

谈仁一：佳暮英雄与智利矿工的生命密码

——爱

林盈盈

原文

（一）樊迟问仁。子曰："爱人。"《颜渊第十二》

（二）子曰："唯仁者能好①人，能恶②人。"《里仁第四》

（三）子曰："志士仁人，无求生以害仁，有杀身以成仁。"《卫灵公第十五》

---

① 好：音hào，爱好所应爱好的人。
② 恶：音wù，厌恶所应厌恶的人。

导读："仁人"心中有爱

二〇〇九年的夏天，一枚父亲节震撼弹——"莫拉克台风"，在台湾引爆。当所有的消息指向绝望之际，屏东县雾台乡佳暮村，出现了震惊全球的独立搜救四人小组——徐仁辉、徐仁明、柯信雄、赖孟传。他们都是佳暮子弟，徐家两兄弟是特种部队出身，身怀救难绝技；柯信雄、赖孟传则刚好在两年前，参加搜山救难协会，也学会一身溯溪、攀岩的好本领。

听闻家乡遭变、断路绝粮，便各自请假，相约返乡，沿着破碎的公路翻山涉水回到佳暮村，组织村民、分配粮食与工作，辟建简易直升机起降场，靠着百坪小丘，完成全村一百三十五位族人的救援任务。随后更投入其他救援行动。

二〇一〇年智利圣艾斯特班金铜矿场灾变中，三十三名矿工被活埋在六百二十五公尺的地底下，靠着十四坪大的紧急避难处、吃剩的午餐与两天的粮食，一起撑过六十九天。

生存之道无他，唯"爱"而已。矿工领班鄂苏亚在众人惊慌与纷争的局面中，用慈爱与公平妥善分配粮食、安排时间，并引导大家学会鼓舞彼此的士气。终于在打破世界受困纪录的第七十天，在全世界救难团体的超速合作中，搭乘"凤凰号"救生舱，回到地面。

是什么力量让佳暮四勇士不畏生死，穿越穷山恶水救人？是什么力量让三十三名智利矿工靠两天的粮食活了六十九天？是什么力量让全世界的英雄轮番破解了生存的密码？是——爱，当爱成为诺言，一旦托付，便永不忘记；当人学会了爱，就会为爱勇闯咫尺天涯，为爱牺牲小我，为爱启动人我之间生命的希望。

要如何学会爱人？孔子在两千多年前就开始教我们爱人，他用另一个中国人觉得更深邃的字来诠释爱——"仁"，并且将"仁"作为人的核心思想、根本精神。凡事如果背离了这个价值标准，其他的道德观念就毫无意义了。

"仁人"心中有爱，不会为了苟且偷生而损害他人；会选择牺牲小我，成就大我。这样的爱让人胸怀公正、坦荡无私、明辨善恶，所以能产生沛然莫之能御的力量，唤醒被爱者心中潜藏的善意，进而产生美善的循环、启动生命的希望之翼。佳暮四勇士如是、智利矿工如是，而我们也有如是的能力，不是吗？

延伸思考

一、二〇一一年日本东北九级强震，造成福岛核电厂辐射严重外泄。当所有人员撤离的同时，却有五十名勇士死守核电厂。除了工作职责外，有什么更大的力量，让他们抛除对死亡的恐惧，留守在万分危险的工作中？

二、智利矿工领班鄂苏亚："在这种时候，如果我们没有办法团结，一同为生存奋斗，我们就只能在相互争吵、分裂中——等待死亡。"试想鄂苏亚的话为什么能打动其他三十二个人的心，完成史上最艰巨的合作任务？

引导式作文

中国的孔子从两千多年前，开始教导学生"爱人者，人恒爱之"的道理，西方的耶稣，教育人们彼此相爱也超过两千年。为什么"爱"要一直学习、传递？在你的经验里，曾经学过爱人或被人所爱吗？

请以《关于爱与被爱的一堂课》为题，写作一篇作文。

谈仁

四七

谈仁二：台湾观光"热血一哥"，赞！

王 林盈盈

原文

（一）子贡问为仁①。子曰："工欲善其事，必先利其器②。居是邦也，事其大夫之贤者，友其士之仁者。"《卫灵公第十五》

（二）子贡曰："如有博施于民而能济众，何如？可谓仁乎？"子曰："何事于仁③！必也圣乎！尧、舜其犹病诸④！夫仁者，己欲立而立人，己欲达而达人。能近取譬⑤，可谓仁之方也已。"《雍也第六》

---

① 为仁：培养仁德。
② 器：工具，比喻良师益友的辅导切磋。
③ 何事于仁：岂止是仁。
④ 其犹病诸：恐怕还会担忧做不到。
⑤ 能近取譬：能就近以己身为例，为别人设想。

四八

我在台湾教语文：教孩子学会做人的《论语》

（三）樊迟问仁。子曰："居处恭，执事敬，与人忠。虽之夷狄，不可弃也。"《子路第十三》

 ## 导读：让爱的主旋律一直唱下去

有一个高中毕业生，改写了台湾观光旅游的历史，他是亚都丽致饭店总裁、超级畅销励志书《总裁狮子心》作者——严长寿。

从第一份工作（美国运通）开始，以推广台湾旅游业为志向，努力在生活中认真的学习与分享。他的信念是："抱最大希望，为最多的努力，做最坏的打算。"从担任传达小弟开始，他便努力从别人不要做的工作中，学习各项职场技能。别人拿他当垃圾桶，他就把垃圾锻炼成黄金，将困境当作人生最好的教练场。于是五年之内，他从美国运通的"传达小弟"一跃成为"台湾区总经理"。

创造奇迹的人除了努力自我训练之外，还有一个更重要的特质——奉献。严总裁认为："与其抱怨社会黑暗，不如自己做一个照亮社会的发光体。"二十世纪八十年代，台湾正开始努力走向国际化，但是国人从仪节到应对进退都显得生涩。严总裁连续十年以慈善晚宴之名，从服装、饮食、音乐着手，潜移默化影响与会的企业贵宾。不但达成慈善募款，更为台湾观光做了文化教育上的贡献。此外，他更致力餐旅人才的培养，前后推生了"淡水商工餐饮科"、"开平餐饮学校"及"高雄餐旅大学"，有效整合台湾观光旅游资源。

近年来，严总裁将半生的经历化为文字，提出台湾观光旅游的愿景、现况与问题，堪称台湾观光旅游的SWOT诊断书，而他更被誉为台湾"观光教父"。

"教父"的价值在于拥有洞烛机先、解决问题的智慧。中国最伟大的"教父"——孔子，重视做事的初衷与动机，他认为一个充满能量的善良动机，一定可以成就自己、影响他人。他用"己立立人，己达达人"来教导学生，凡事要先要求自己，做什么就要像什么，做到了之后，也要帮助别人完成；更勉励学生"无终食之间违仁"，时时刻刻严以律己，宽以待人，并充分为团体设想。用个人的力量，创造团体的最高价值，就是仁者之道，而仁者最大的财富，就是愿意成就别人的宽阔胸怀。

孔子是个好学不倦、对生命充满热情的典范，是华人世界中的"至圣先师"。永远挑战学习视野的辽阔；创造无数机会与希望的严总裁，也是对生活充满热情、努力探索的人，更将青春奉献给台湾的观光旅游。他们的一生都为了超越自己而努力学习，为了奉献他人而奋斗不辍。他们的生命里都有一首爱的歌，只要我们让爱的主旋律一直唱下去，打从心底说"愿意"，世界将没有不可能的事。

延伸思考

一、人气指数颇高的高尔夫球后——曾雅妮，曾经被困巅峰的瓶颈中，经过两位世界球后前辈——欧秋雅、索伦丝坦的指点迷津，终于懂得释放心中压力，享受比赛，创造更辉煌的成绩。在竞争激烈的国际运动场上，世界球后为何愿意帮助对手曾雅妮？从欧秋雅、索伦丝坦对曾雅妮的帮助中，想想真正的"卓越"是什么？

二、"观光教父"的工作与头衔繁多，但他坚持写作不辍，其中《总裁狮子心》获奖无数，是出版史上最畅销的管理励志类丛书，更是蝉联畅销书排行榜最久的书。想想，总裁除

引导式作文

"是你的声音，带给我勇气／是你在那个雨季赶走了孤寂。"这是卓文萱《爱的主旋律》歌词。我们在生活中一定经历过给予支持或受人协助，无论我们是付出的一方还是接受的另一方，心中的感受肯定是喜乐而甜美。然而，是什么东西让你感受到"爱"？

请以《爱的主旋律》为题，分享一段"爱"的故事。

谈仁三：无须算命，用"转山"改运

林盈盈

原文

（一）子曰："知者乐①水，仁者乐山。知者动，仁者静。知者乐②，仁者寿。"《雍也第六》

（二）子曰："仁远乎哉？我欲仁，斯仁至矣。"《述而第七》

（三）颜渊问仁。子曰："克己复礼③为仁。一日克己复礼，天下归④仁焉。为仁由己，而由人乎哉？"颜渊曰："请

---

① 知者"乐"：音yào，喜好、欣赏。
② 知者"乐"：音lè，喜悦、满足。
③ 克己复礼：约束自己的私欲，使每件事情都归于礼。
④ 归：称许。

问其目^①。"子曰："非礼勿视，非礼勿听，非礼勿言，非礼勿动。"颜渊曰："回虽不敏，请事斯语^②矣。"《颜渊第十二》

导读：缩小自己的力量

"转山"是西藏地区神圣的宗教仪式。经由长途跋涉，朝拜传说中释迦牟尼佛的道场——须弥山（即现在的大雪山）。透过转山仪式，洗清罪业、修道、成佛。在转山的过程中，渺小的人类面对浩瀚山峦、无垠天际，学得的是缩小自己的自省力。

缩小自己，就是心中不再只有自己，还有更多的人、物与天地，所处的世界会变大；反之，如果放大自己，万物与天地消逝，心中只剩自己，世界就相形见小。全世界第一位登山社负责人——孔子，从两千五百年前就以"登高必自卑，行远必自迩"鼓励大家，透过登高来培养自省力。

---

① 目：细节。
② 请事斯语：恭敬地按照您的话去做。

二〇〇四年，一个迷茫怅惘的大学毕业生——谢旺霖，申请获得第一届云门舞集"流浪者计划"的赞助款（十万元），利用严冬中最冷的三个月，独自骑自行车从云南进入西藏，经历肉体与心灵最孤独的旅程。在群山万壑间流浪的谢旺霖，曾与獒犬对峙；在视线不明的山路上，自行车前轮卡死岩缝，后轮与双腿悬荡断崖之外。无数次的生死瞬间，让走进大山、体会极致孤独的谢旺霖，学会与自己对话，在困境中寻求自我突破的力量，生命于是随着无尽的群山辽阔起来。他将藏地雪域的生死经历，写成《转山——边境流浪者》，成为各大书店公认二〇〇八年最具影响力的书。

山是自然中最丰厚沉稳的力量，全球首位攀登世界七顶峰的女杰——江秀真，靠着登山训练中学到的"谦卑"，攀上圣母峰。完成壮举的巾帼英雄自述："登峰经历不但让她更认识自己的生命，同时也了解'学习'、'谦卑'与'敬畏'的奥义就是：与自己和解更与他人和谐。"与自己和解是真诚地面对自己；与他人和谐是诚心尊重别人，这就是天地之间，万物共处最理想的状态。

台北市立大安高工赖美芬老师，利用三年的时间，通过各种方式自筹财源，带领导师班及校内有兴趣的同学，一起攀登台湾三座百岳——玉山、雪山与嘉明湖（向阳山与三叉山交界的陨石湖，是台湾第二高山湖泊，更是传说中梦幻的"天使眼泪"）。同学们在山林怀抱中，互助打气、敞心对话、化解误会、建立自省的态度。回到学校后，化嬉闹霸凌为友爱分享、变推诿塞责成勇于任事；回到家中以敬重父母、分担家务，取代剑拔弩张的针锋相对。甚至，组成班级义工团，满心欢喜的服务敬老院。赖美芬老师带领学生，透过山的润养与爱的洗礼，让青涩多刺的生命走向友善圆融。

孔子以"仁者乐山，知者乐水"教育学生亲近山水。山不远人，人自远山。山总是静静地等在我们必经的路上，帮助我们锻炼心智与耐力、畏惧与骄傲。用她的宽厚与包容，教养我们的胸襟，让我们看得见自己，更看清万物与天地，然后了解自己的渺小，学会谦卑与自省。

"仁"是一个人努力追求的最高境界。在达到仁者之前，必先成为智者。智者懂得在变动中"择善"，而仁者则进一步能够在"择善"之后，克制自己的私欲，"固执"到底，谋求众人最大的利益。孔子担心大家把"仁"的境界想得太难，便说"我欲仁，斯仁至矣！"意思是说：当我想要达到仁的境界，仁就已经在我身边了。所以，当谢旺霖选择以流浪者的姿态，面对群山皓雪时，就决定他能以生死无畏的意志，写出坚定而真诚的文字。当江秀真以双脚行路，拜山为师，学而不倦，直至世界顶端的时刻，群山便对她倾囊相授、教而不厌，让她明了"谦卑"的真谛。当赖美芬老师将教室移往群山万壑之际，就注定能成就学生的独立探索、完成成长的试炼。他们的生命姿态，如同仁者插上了智慧的翅膀，凌空飞翔。

如果愿意暂时告别宅男、宅女生活，放下一直带来成功经验，让你自我感觉越来越良好的线上游戏，走出户外，欣赏人群街景，你已经获得了自省的门票；如果愿意走入山林，谛听泉水溪涧，虫鸣鸟语，你便进了自省之门；如果愿意一次次不畏艰难，登高望远，你便能习得缩小自己的力量，并拥有难以想像的宽阔世界。

延伸思考

一、"视野决定世界"，每一个人的世界因此不同。想想自己的世界目前的样貌如何？自己满意吗？理由为何？还有没有让世界更大、更美好的方法？

二、山林涵养我们的生命、赋予我们能量，提供我们进步成长的源头活水。世界上的山林每年正以四到六个台湾的面积迅速消失中。如果有一天，我们住在一个没有山林的地球，"人"将变成什么样子？

引导式作文

静默、沉稳、包容万物的山是我们最可靠的朋友、最无私的老师。从小到大你可能拥有无数次与山林邂逅的经验，在众多登高经验中，有哪一次曾让你面对山林、认真学习、享受成长并有所体悟？

请以《山老师教我的一件事》为题，写下你与山之间的邂逅。

谈仁四：世界第一的"让蝶道"

林盈盈

 原 文

（一）子曰："里仁为美[①]，择不处[②]仁，焉得知？"
《里仁第四》

（二）子曰："不仁者不可以久处约，不可以长处乐。
仁者安仁[③]，智者利仁[④]。"《里仁第四》

（三）子曰："君子而不仁者有矣夫！未有小人而仁者
也。"《宪问第十四》

---

① 里仁为美：乡里间具有仁厚的风俗，是一件美事。
② 处：居。
③ 仁者安仁：心怀仁厚的人，会自然而然实践仁德。
④ 利仁：知道仁道可以利人利己而行仁。

导读：慈悲的美丽岛

　　台湾是世界知名的"蝴蝶之乡"，因为一年四季都可以见到蝴蝶的芳踪。大部分的蝴蝶活跃于春夏，并于秋冬前死去，以卵的形式度过严冬。而扬名世界的台湾特有品种——紫斑蝶，是全世界少数能以成虫方式过冬的蝴蝶。每年秋天，它们会集结于南部山谷，准备过冬，形成"紫蝶幽谷"，与墨西哥的"帝王蝶谷"，并称世界唯二的两大越冬型蝴蝶谷。春天来临时，他们便成群结队，循着固定的"蝶道"北飞。

　　优雅的紫斑蝶，前翅背泛着紫光，舞动翅膀时，蝶翼上的鳞粉经阳光折射，呈现各式各样的梦幻彩紫，日本昆虫学家称为"幻光"。它是台湾重要的生态资源，却遭受长期忽视，蝶谷聚落从早期的二十多处，下降到只剩四、五处；可容纳的蝴蝶数量从数百万只，下降到数十万只。栖息地减少固然是蝴蝶消失的主因；而道路开发占领蝶道，更是酿成蝴蝶集体车祸，香消玉殒的元凶。

　　二〇〇七年春天，在生态博士候选人詹家龙的积极奔走下，台湾相关高速公路局下令：某些道路的触口路段，每逢清明时节、紫斑蝶现踪前，必须于护栏上再加装四百公尺的防护栏，并且适时封闭北上外侧车道，将用路权还给世居台湾、需要南北迁徙的紫斑蝶。这独步全球"让路蝶道"的保育创举，连续两年让世界知名媒体（CNN、BBC、NHK等）竞相采访，让全世界都看到台湾的美丽与慈悲，更唤醒大家对"蝴蝶之乡"的美丽记忆。

孔子的"里仁为美"，让我们明了：在一个美丽的环境里，最可贵的是具备慈悲的内涵。台湾曾经为了经济发展，积极开发、利用土地，得到的是土石流冲毁家园，无数次水涝无情肆虐，应验了"不仁者，不可以常处乐"，少了一念之仁的人，无法长久处在安乐的环境中。但是，从"让蝶道"的世界创举中，我们看见美丽岛上，不仅有明智爱蝶的仁者詹家龙，还有更多为了生态保育而努力还路于蝶的人。一个愿意将高速公路路权还给蝴蝶飞舞的岛屿，就是一个仁境桃花源，更是仁者愿意居处的美丽岛。

居住在美丽岛上幸福的我们，除了享有便捷的运输，更因为詹家龙先生为蝴蝶喉舌的仁心，与高速公路局的一念之仁，让我们有机会永续欣赏美丽的紫斑蝶。期待在这个岛屿上，更多"仁心"的展现与"一念之仁"的美丽，不让詹家龙与高速公路局专美于前。有更多的生命像幸运的紫斑蝶一样，正在向我们招手，祈求慈悲的对待，还给他们永续生存的意环善境。

延伸思考

一、孔子用"当仁，不让于师。"来勉励大家勇于行仁、勇于任事。同样的，詹家龙先生以一个小小博士班学生的身份，挺身为紫斑蝶争取用路权。想想生活中，当大家抢着做某件事，或拼命推辞某项任务时，在我们选择的当下，心里思考的重点是什么？

二、一般人以为"和颜悦色"才能拥有好的人际关系；而孔子却说："巧言，令色，鲜矣仁！"（故意说好听的话，装出和善的脸色，这种人很少具有仁心。）面对迥异的看法，我们如何在生活中拿捏与辨别？

引导式作文

生活在这个世界上的可爱生物，除了紫斑蝶，你还认识哪些需要我们特别关注的生命或文化？他遇到了什么困境？需要我们给予什么样的帮助？

　　请以《这个世界上的……》为题，写下你为它陈情的内容与观点。

谈 孝

谈孝一：下辈子，无论爱与不爱，都不会再见

林淑芬

原 文

（一）有子曰："其为人也孝弟，而好犯上者，鲜[1]矣；不好犯上，而好作乱者，未之有也。君子务本[2]，本立而道生。孝弟也者，其为仁之本与！"《学而第一》

（二）子游问孝。子曰："今之孝者，是谓能养[3]。至于犬马，皆能有养；不敬，何以别乎？"《为政第二》

（三）子夏问孝。子曰："色[4]难。有事，弟子服其劳，

---

① 鲜：很少。
② 务本：重视基本修养。
③ 能养：尽力供养。
④ 色：和悦的表情。

有酒食，先生馔①，曾②是以为孝乎？"《为政第二》

（四）子曰："父母之年，不可不知也，一则以喜，一则以惧。"《里仁第四》

（五）子曰："父母在，不远游，游必有方③"。《里仁第四》

 ## 导读：温柔对待亲爱的人

员林慈济人为庆祝"九九重阳节"举办"敬老尊亲感恩茶会"活动，藉此提醒为人子女们，对于家中的长辈要敬老尽孝，及时掌握每一个可以表达孝心的行动与机会，回馈亲恩的机会不一定是在功成名就之后，而是时时的表现在生活的每一个关心之中。在奉茶的当下，除了表达了晚辈的敬意与感

---

① 馔：饮食。
② 曾：乃。
③ 方：方位、地方。

恩，也要学会反省自己——成长中，是否关心过父母？究竟为父母做了什么？一杯小小的清茶，在诚挚奉茶的当下，透过浓浓的感恩心、诚恳的忏悔情，更能适时化解亲子间的芥蒂，传递美好的温馨。

我们习惯对同学和气，可以增进融洽；对朋友体贴，可以扩展人际；对师长尊重，可以利益前程。却很少细想：与家人的关系，才是这世上最应该珍惜的情感，因而忽视了对家人和气。习惯"享受"家中的物质与心理的需求，"付出"成了父母的责任，当要求与不满变成了沟通的主题时，紧张的亲子关系疏离了彼此的关怀。

美满家庭来自父母深情的呵护与无怨无悔的耕耘，子女以安然的成长来回馈双亲终身的辛劳，"孝"本是一个自然的情感互动。以饮食养父母，不算是难事，与父母相处时，温婉欣悦的态度才是诚恳的孝心，父母更欣喜子女在行孝中所养成的敦厚人格。对于双亲而言：子女在生活中的敬爱更甚于子女功成名就后的荣耀。

拥有亲情的呵护，是生命中最圆满的美好。二十四孝里"彩衣娱亲"的老莱子，即使在终老之年，依然尽心尽力的逗弄父母"笑"来表达"孝"心;而家喻户晓的花木兰,则是运用战场的功绩为父母"效"劳来善尽"孝"道。现代人除了赚钱奉养父母,做到"能养"的回报,还能够完成"笑"与"效"的亲情期待吗?流行歌手周杰伦编写《听妈妈的话》这首歌,说明他的成功源自于母亲的教诲。歌词中反覆出现的"听妈妈的话,别让她受伤"即提醒大家要从"顺亲"来"尊亲"。

孝的表达不会只局限于一个形式,如果体认到:孝的真谛不仅重在内心的诚,也要注重外在的奉养行为,那么,行孝就是重要的创意表现了。游子时时报平安、一通贺父母生日的简讯、一张关心父母健康的卡片、一杯及时奉上的清茶、一个清晨的笑容、一个晚归的抱歉……处处可以表达对双亲的孝心。幸福就在每一个相互关心的行动中真诚激发。

《礼记·祭义篇》曰:"盖孝子之有深爱者,必有和气,有和气者,必有愉色,有愉色者,必有婉容。"深爱是缘自于真心诚意的感恩;和气是透过温和的说话语气表达;愉色则是时时带着和悦开朗的面色;婉容则是永保婉转的面容、神态。因为感恩而生的珍惜即是深爱,即可自然表达出对家人父母体谅与关爱，和谐增进，欢喜充满。家是永远的避风港，需要一辈子用温柔的心去珍惜、经营。

亲人只有一次的缘分，下辈子，无论爱与不爱，都不会再见了。

延伸思考

一、孔子认为对父母的过错要"几谏"——重视委婉且恭敬的态度，不可以违抗父母的意思；而且即使父母不能体谅，也不能抱怨，仍旧要持续关心。你觉得目前父母有哪些行为你不甚赞成，你如何委婉的提出意见，让父母知晓而有改进的意愿呢？

二、离家到国外工作算是对父母不孝顺吗？游子如何才能安慰时时为孩子忧虑不安的双亲呢？

引导式作文

生活中，可以有哪些行动适时的表达"敬亲"的心意；或是如何以"色难"为戒，来改善自己与父母互动的行为。仔细想想，亲子冲突是否也经常发生在你和父母之间呢？当和爸爸妈妈起冲突时，要怎么处理才是最恰当的呢？试着以不同角度的思考，透过个人省思与生活中所体会到对人的包容与了解，来增进亲子的和谐。

　　请以《解决亲子冲突，就从□□□□做起》为题，完成一篇文章。

谈孝二：天使与恶魔的共舞

林淑芬

原文

（一）子夏曰："贤贤易色[1]，事父母，能竭其力，事君，能致其身；与朋友交，言而有信。虽曰未学，吾必谓之学矣。"《学而第一》

（二）子曰："父在，观其志，父没[2]，观其行。三年无改于父之道，可谓孝矣。"《学而第一》

（三）孟懿子问孝。子曰："无违[3]。"樊迟御，子告之曰："孟孙问孝于我，我对曰，无违。"樊迟曰："何谓也？"子曰："生，事之以礼；死，葬之以礼，祭之以

---

① 贤贤易色：以尊敬贤者之心去替代爱好美色之心。
② 没：过世。
③ 无违：不可违逆。

礼。"《为政第二》

（四）子曰："事父母几谏[1]，见志不从，又敬不违，劳
而不怨[2]。"《里仁第四》

 ## 导读：藏在细节中的魔鬼

郭台铭曾说："魔鬼都藏在细节中，要成功、要完美，
首重注意细节。"坚持细节本来自于家庭的伦理教育，成功的
人、事、物中常可以在家庭生活的关注中提炼出"细节中的魔
鬼"，严于律己，从而取得事业更上层楼的成就。在父母的
"完美"要求中，期盼子女养成良好的做事态度，减少成长中
颠簸的痛苦，以温柔敦厚的人品取得人生的顺畅。只是未曾经
历困顿、挫折的子女，却是在父母处处的苛求要求下而烦躁不
已，完全忽略了父母把爱与期待藏在魔鬼要求中的深刻用心。

在成长的过程中，遇到父母的不体谅或是误解，多少人

谈孝

七三

---

[1] 几谏：委婉地规劝。
[2] 劳而不怨：内心忧愁，但不怨恨。

可以柔声委婉地表达自己的想法，尤其是父母与自己的心意大相径庭时，为人子女是否可以在"深体亲恩"的感怀中，先行撇开内心烦躁而恭敬地回应？是否也可以在冲突中不违抗亲心，以一生孜孜矻矻的努力来完成、荣耀父母的期盼？

"阿基师"的努力为上述的问题提供了最好的答案。

阿基师以"用情做菜，用心做人"的谦恭与踏实博取了"台湾民众最信任的名人"的佳誉。一位能够牢牢抓住台湾观众的胃口与言行信任的御厨，却有一段非常艰辛的学习历程。

年少不得志，学徒的考核比一般人多花了三倍的时间。在一连串的挫折失意中多次想要放弃"厨师"的志向，却在母亲一路支持与鼓励之下，咬紧牙关，更谦卑、更认真地深耕每个细节的掌握。因为母亲的支持，因为父亲的压力，忍辱负重的学习态度成就了日后面面俱到的成功。

阿基师的父亲是福州菜师傅，耳濡目染下加深了阿基师希望成为料理师傅的决心。但是父亲却不希望他走入社会低层的三刀（屠刀、剃刀、菜刀）工作，而是期望儿子能好好读书以出人头地，亲子间产生了强烈的冲突。最后是母亲极力游说，父亲才勉为其难答应，却要他到别家餐厅去当学徒，而且冷冷的送了三句话："自己选的，自己负责，回家不能唉（诉苦）！"严厉的话难以入耳，但是，阿基师为了证明自己的选择，收拾起所有的叛逆。坚忍学厨过程中的种种辛苦，把腰弯得更低、把工作做得更好，在严苛的磨练中养成了踏实且勤奋的做事态度。

曾不屑做父亲的菜的阿基师，为了母亲的思念，重现先父的口味，藉着每一道菜的料理，竟逐步地化解了过往的亲子恩怨，重新认识父亲，最后衷心地传承父亲对做菜细节中的坚持。他会去做一些"让人吃进心坎里"的怀旧料理，是来自家庭的影响。他认为：把对菜肴的满足，提升到心灵的满足，提升到对家人照顾的深厚情感。阿基师说："这就是做菜的伦理。"

缺少名家大师的"狂妄"与"霸道"，阿基师虽自谦自己没有学历，但是谨守家庭训示，乐观面对生活，调和生命历程里甘苦交杂的人生美味，呈现睿智者的修养，普获社会大众的敬仰与学习。

一个人的气度有多大，在待人处事的细节中也格外分明，这即是家庭教育中"诚于中，形于外"的最高成就。

延伸思考

一、你是否觉得父母对你的期望过高，使你产生很大的压力，在心灰意懒之余，是否可以仔细思考"父母期望"背后的动机？他们对你的成长真正的期待是什么呢？

二、成就的定义究竟是什么？除了成绩好、口才好、受人欢迎、赚很多钱……的世俗观念之外，聪明的你，是否也为自己的成就下过定义？你所向往的成就究竟是什么呢？可以明确的列出三个方向吗？

引导式作文

生活中，你是否也觉察到有些人默默的坚守父母亲的训示，努力的以自己的成长及成就来回馈亲恩，是否也可以诉说他们的故事，带动大家学习的机会。

请以《孝顺的小故事，生命的大启示》为题目，摘录一则"小故事"，并藉此分析家庭教育对个人成就、对社会安定的影响。

谈孝三：菊花长大会变成向日葵？

（一）有子曰："其为人也孝弟，而好犯上者，鲜矣；不好犯上，而好作乱者，未之有也。君子务本，本立而道生[①]。孝弟也者，其为仁之本与！"《学而第一》

（二）子曰："弟子入则孝，出则弟，谨而信，泛爱众[②]而亲仁。行有余力，则以学文。"《学而第一》

（三）曾子曰："慎终追远[③]，民德归厚矣。"《学而第一》

---

① 本立而道生：根本确立了，道德原则就会形成。
② 泛爱众：博爱大众。
③ 慎终追远：谨慎地办理父母的丧事，虔诚地追念祭祀祖先。

（四）曾子有疾，召门弟子曰："启予足！启予手！《诗》云：'战战兢兢①，如临深渊，如履薄冰。'而今而后，吾知免夫！小子！"《泰伯第八》

（五）子曰："孝哉闵子骞，人不间②于其父母昆弟之言③。"《先进第十一》

（六）子贡问曰："何如斯可谓之士矣？"子曰："行己有耻④，使于四方，不辱君命，可谓士矣。"曰："敢问其次。"曰："宗族称孝焉，乡党称弟焉。"曰："敢问其次。"曰："言必信，行必果；硁硁然⑤小人哉！抑亦可以为次矣。"曰："今之从政者何如？"子曰："噫！斗筲之人⑥，何足算也！"《子路第十三》

---

① 战战兢兢：形容人戒慎恐惧的样子。
② 间：异议。
③ 言：称赞他的话。
④ 行己有耻：做事有羞耻之心。
⑤ 硁硁然小人哉：形容人见识浅陋而又顽固不通，无法成大器。
⑥ 斗筲之人：器量狭小的人。

我在台湾教语文：教孩子学会做人的《论语》

导读：不忘记出身的勇者

"宿命"可以被颠覆吗？英雄气长气短的胜负由谁论？

所谓"英雄不怕出身低，怕的是姿态不够低"，如何变生活的困境为向上的动力才是人生的必修课，除去不必要的虚无幻想，踏实的面对所有困境而灵活变通，才有机会扭转被动的命运成为开创运势的主动角色。

林肯初当选总统时，出身望族且具有极大优越感的参议员当面嘲弄他的出身："我希望你记住，你只是一个鞋匠的儿子。"面对羞辱，林肯坦然的说："非常感激你使我想起已过世的父亲，我永远是鞋匠的儿子，我知道我做总统永远无法像父亲做鞋匠做得那么好。我无法像他那么伟大，他的手艺无人能比。"说到这里，林肯流下了眼泪，所有的嘲笑声全部化为赞叹的掌声。

林肯最伟大的品格，在于他永远不忘记自己是鞋匠的儿子，并引以为荣。尊严是灵魂中不可糟蹋的珍宝，只有真诚地面对自己的时候，才会"自重而后人重之"。当内在的孝友积聚成修养时，才真正的建构自我的尊严。

在台湾一位屏东"赤贫囝仔"——吴宝春在面包制作中揉进了对妈妈的怀念，勇夺二〇〇八年世界面包大赛的银牌。"小时候家里清寒，母亲常在冬天炖煮酒酿桂圆驱寒，那温暖的味道，总是让我感到富足，我参赛不只是为了自己，而是要将母亲养八个小孩的毅力精神让全世界都知道。"这席陈述创作理念的话，让评审频频拭泪。

吴宝春说："我喜欢挑战，磨练会让我像神奇宝贝一样进化。我很想改变我的命运、脱离贫困，于是进入了面包的世界。我曾经是个很自卑的人，所以一开始，我不会设定太高远的目标，而是先设定短期目标，克服一个个困难，用'小成功'累积自信，然后慢慢累积成大成功。"

从不讳言出身贫困家庭的他，更感念母亲给他"常存敬谨心"的人生观，吴宝春遗憾过世的母亲无缘分享儿子的成果，即使自己是"无壳蜗牛"，仍坚持以母亲"陈无嫌"为名成立基金会，帮助经济条件差的学生、残障者完成学习的历程。将小爱转化成社会支援的大爱，传递这股厚实的仁道精神。

心态影响了结果，不满现实而处处抱怨，人生便是一出悲剧；而感恩知足、乐观坚毅，则处处是人生的好时节。生命的出处是不能够选择的，林肯与吴宝春运用坦然面对与积极营造来重塑生命的价值，为父母赢得了身后的荣耀，完成了真正的"大孝"。

聪明的你，是否也开始学习收拾起不满，多元的运用生命的经历化为自我开拓的智慧呢？

延伸思考

一、"有人对孔子说：'先生为什么不从政？'孔子说：'尚书说："孝啊，能孝顺父母的人，必能友爱兄弟。"把孝顺、友爱推广到家庭，能治好一家的事，这也算是从政，又何必要做官才算是从政呢？'"由这段话中，为何孔子主张"治家如同治国"，从政与治家的共同理念是什么？

二、孝为培育道德摇篮，也是建立国泰民安理想国度的基础。为什么一旦家庭和顺之后，社会风气也会随着走向平和、守法呢？

引导式作文

现今社会不只是让个人过得更好，生命每分每秒的选择都与时间、空间及人际间密切相关。汶川大地震、台湾八八风灾、日本大海啸发生时，人们及时散播善心所引发的蝴蝶效应，"化小爱为大爱"的良善民风，扩及世界各地。

试以《善的蝴蝶效应——从"小动作大潜能"谈起》为题，举例说明自己如何将对家人的爱培养成一个习惯，并落实于日常生活中，透过乐观、善解、有爱的行动实践，所产生的正向生活效应。

谈孝四：唤醒老灵魂，创意行销

林淑芬

（一）有子曰："其为人也孝弟，而好犯上者，鲜矣；不好犯上，而好作乱者，未之有也。君子务本，本立而道生。孝弟也者，其为仁之本与！"《学而第一》

（二）或谓孔子曰："子奚不为政？"子曰："《书》云：'孝乎，惟孝友于兄弟①，施于有政②。'是亦为政，奚其为为政？"《为政第二》

（三）子曰："志③于道，据于德，依④于仁，游⑤于

---

① 惟孝友于兄弟：能孝顺父母的人，必能友爱兄弟。
② 施于有政：能治好一家的事，这也算是从政。
③ 志：志慕；心所归同。
④ 依：依靠。
⑤ 游：游憩。

艺。"《述而第七》

（四）子曰："恭而无礼则劳①，慎而无礼则葸②，勇而无礼则乱③，直而无礼则绞④。君子笃于亲，则民兴于仁；故旧不遗⑤，则民不偷。"《泰伯第八》

 ## 导读：拥抱伦理心的超级软实力

写出《总裁狮子心》的作者——严长寿认为台湾的未来，是要从扎实传统的优质涵养中，破除世俗中"学历、钱财、地位"的单一偏执，而找到人生真正的价值，植基于"小我"的家庭伦理教育之中，灌输良善的种子，培养"做人诚恳、做事认真、待人热诚"的文化风格。当每个人在自发性的重视"小我"的理想实践中，踏实建构自己的兴趣与理想的

---

① 恭而无礼则劳：恭敬而不符合礼就会劳倦。
② 慎而无礼则葸：谨慎而不符合礼就会畏缩。
③ 勇而无礼则乱：勇敢而不符合礼就会作乱。
④ 直而无礼则绞：直率而不符合礼就会尖刻伤人。
⑤ 遗：遗弃。

成就，即可创造出"平凡但不平庸"热诚生活。

台湾面积虽小，但是温润的"传统人文"涵养出独特的优势与自信，已开创出台湾行销开阔的格局。台湾人的友善、礼貌、静雅而不浮躁、有秩序而干净的整体风貌让世界见识到"儒雅文化"的圆融成果。

创办天下带动"经济概念生活化"的高希均认为：软实力，就是一种爱心、包容、尊重、认真的态度；一种平等、博爱、守法、具人文关怀的精神；一种开放、创新、积极、好学的动力。

思索孔子所谓"圆满"是生活作息可以依据道德仁义，呈现在志慕、据守、依靠、游憩中而完成，其核心的精髓即是家庭人伦的规矩。重人伦，可以养成对待家人的态度——真诚，自在的实现人与人之间的适当关系。以"为善"的出发点，胸怀"老吾老以及人之老，幼吾幼以及人之幼"的理想，在自发的行动中达到"兼善天下"的圆满。当全民洋溢着自信与自得，凝聚成令人心向神往的全民创思成果，这正是孔子"游于艺"精神的最佳实践！

延伸思考

一、严长寿认为："教育不是倒满一壶水，而是点亮一根蜡烛。重视学生的天赋、热忱、沟通能力，及创作思考的能力，从中找到自己的真实价值，这也是社会的核心价值。"上述的核心价值与"家庭伦理"有什么相关性？

二、品德教育的目的是："培养学生对人、对事负责任的生活习惯，进而勇于承担、谨慎思考、做事认真，懂得感谢、付出；爱惜周遭事物、珍惜生命。"具有上述品德的学生是否进入社会工作后，会比较具有竞争的优势呢？

引导式作文

严长寿用观光与世界做朋友，慈济以慈善走向世界，两者树立人文关怀、品德教育特有的"热忱品牌"，建立了柔性却前瞻的立足力。想想生活中，是否也曾有相似的经验，因为"爱与热忱"而使得危机得以转圜，或是激发出环境中意料之外的合作成果。

试以《爱的热忱让我变得不一样》为题，写出你独有的生活经验。

谈孝五：为孤独星球献一朵花

林淑芬

（一）子曰："弟子入①则孝，出则弟②，谨而信，泛爱众而亲仁③。行有余力，则以学文④。"《学而第一》

（二）孟武伯问孝。子曰："父母唯其疾之忧⑤。"《为政第二》

（三）或谓孔子曰："子奚⑥不为政⑦？"子曰：

---

① 入：指居住，在家里的时候。
② 弟：同"悌"，敬重兄长。此处亦指以敬意对待年长自己的人。
③ 仁：有仁德的人。
④ 文：指《诗》、《书》、《礼》、《乐》等儒家经典。
⑤ 父母唯其疾之忧：为"父母唯忧其疾"的倒装句，即父母最担心儿女生病。
⑥ 奚：为何、为什么。
⑦ 为政：当官从政。

"《书》云：'孝乎惟孝、友于①兄弟，施于有政。'是亦为政，奚其为为政？"《为政第二》

（四）子曰："父母在，不远游，游必有方②。"《里仁第四》

（五）子曰："父母之年③，不可不知也。一则以喜，一则以惧。"《里仁第四》

 ## 导读：孝顺来自于感恩惜福

我喜欢陪伴着不便于行的老爸爸，一步一步地享受清晨的微风；我喜欢要求手脚反应越来越慢的老妈妈，为我的发束绑出一个蝴蝶结。片刻温馨的陪伴可以使父母暂且抛掉日益老化的恐惧，享受承欢膝下珍贵且令人感动的幸福。

---

① 友于：兄弟间相处友好亲厚。
② 方：方向、处所，即目的地。
③ 年：年纪、年龄。

双亲认真生活、勤奋吃苦的务实态度，潜移默化的传承，也使我们养成了感恩、惜福的态度。高龄的双亲常受到亲友的羡慕：一家人和乐融融，子女总是长伴膝下承欢。当亲友请益父亲教养子女的秘诀，耄耋的老父总是笑呵呵的回答："多鼓励、多关心、多替孩子想。"

即使子女表现不够优秀、即使子女的成就不能与别人相较，我的双亲仍是鼓励多于要求，他们只希望子女能够在稳健中逐步成长。少一份苛责，多一份鼓励，反而带给了我们负责任、善于省思的成熟。父母满溢的关爱与教养难以回报，当我们无法建立傲人的功成名就以显父母，或许承欢膝下就是最好的孝养回报的方式。尤其是看到了满是皱纹的脸上开朗的笑，好像也找回赤子之心，带动失意的心重新振作。亲子的相处仿佛是心灵安抚的特效药，汲取了双亲更多的爱，也更努力地扮演负责且受人赞赏的人，谁也不愿意让垂垂老矣的双亲蒙受子女不良表现的打击。

棒球好手"王建民是养子"的消息带来了社会"生重要？还是养重要"的八卦猜疑，王爸爸却带着"以子为傲"的笑容，不断地强调早已知情的王建民，对"两个父亲都非常孝顺"！养父对于王建民的谦和、努力的态度更是满意，他强调：儿子会努力的打球来回馈家乡父老的关爱。这份因爱而生的信任必定是王建民在异地孤身奋斗的重要精神力量。

不论亲生或养育，父母对子女的关爱远远超出了"身体之疾"的忧虑，从点滴的教养中建立孩子自励自进的态度，养成"孝悌谨信仁爱"的品格，成为一个有用的社会中坚。爱的表达可以激发内在的潜力，爱的信任是传承生命最重要的桥梁。有爱，沿途纵有颠簸崎岖，也可以奋力前行，一一克服。

孝顺的定义没有确切答案，但孝顺的品德却是最重要的"平顺保障"。一个懂孝顺的人会让自己远离危险；一个懂孝顺的人会体贴别人；因心悬父母挂念而懂得慈悲；因重视双亲的期盼而温厚。孝顺其实不是很深奥的道理，是一种可以从小养成的习惯；孝顺不必要任何的费用，却可带来终身的福报。

不是每个人都要当国家栋梁，社会更需要脚踏实地、坚守岗位、热爱工作的螺丝钉。父母的亲恩，是享受幸福的来源，当你失意孤独的时候，努力的在父母面前展现一抹乐观的笑容，以慰亲心。一个笑容，一个心意，正是回馈亲恩最不费力的甜蜜方式！

延伸思考

一、教育，不是栽培功课一流的学生，而是培育一位有用的学生。优秀孩子的考核项目中，难道不应包括孝顺吗？只是孝顺是不能用考试得以取得成绩，却是一生中最重要的生活态度，这是当前只以成绩来衡量学生成就的严重教育迷思。

二、文凭很重要，是世俗中取决社会地位的重要凭藉，但是去养成面对各项要求与考验的正向态度是否更为重要？

引导式作文

回想一下，父母带给你最正向的力量，来自于什么行为？带给你什么影响？对你的人格养成过程中，带来了什么样的收获。

试以《父母有爱，孩子有情》为题，例举生活中父母的引导所带来的成长。

谈孝六：没人有义务要对你好

林淑芬

原文

（一）有子曰："信近于义，言可复①也。恭近于礼，远耻辱也。因为不失其亲，亦可宗②也。"《学而第一》

（二）季康子问："使民敬忠以劝，如之何？"子曰："临之以庄，则敬；孝慈，则忠③；举善而教不能④，则劝⑤。"《为政第二》

（三）子曰："爱之，能勿劳⑥乎？忠焉，能勿诲⑦

---

① 复：履行。
② 宗：引为典范。
③ 孝慈，则忠：上位者能孝顺父母，慈爱大众，人民自然会尽忠。
④ 举善而教不能：举用善人，教导做不好的人。
⑤ 劝：相互劝勉。
⑥ 劳：让他知道艰难困苦。
⑦ 诲：教诲。

乎？"《宪问第十四》

导读：诸多要求是幸福的期待

《如果你们不能一辈子供给我优渥的生活，为什么从小让我养成奢靡的习惯？》一篇控诉父母的投书引起了社会各界许多的回响。父母深信不匮乏的生活才能确保孩子未来的竞争力，究竟父母的教养方式影响了孩子多少的未来？

放诸几位名人首富教养的方式，更令人深省。王永庆教养子女的方式非常严格，王家子女海外求学都必须自己打工养活自己。世新大学创办人成舍我对子女的要求则是："吃苦努力，一切靠自己"，因为"父母只能鼓励你向上，无法保证你成功。"美国首富巴菲特的儿子彼得·巴菲特，凭着自力的奋斗取得艾美奖，在乐坛闯出名号。他表示："不拿父亲的钱，才是建立自我和持久自信的唯一方式；我从来没有一分一秒，想要用我自力更生所学到的一切，来换我父亲的财富。"一个成功的子女证实了巴菲特的信念——父亲不留财产给子女，是一项"无价之宝"。奇美企业许文龙也认为：如果子女不懂得花钱，留太多钱给他们，反而会成为毒药。如果归纳上述成功者的实例，那么爱护子女的方式似乎不在于提供全然优渥的环境，而是在于踏实、宏观、前瞻、分享态度的养成。

许文龙曾说："经营企业不是以赚钱为目的，而应使所有的人——包括员工、经销商以及社会——获得幸福。"奇美与王品企业成功的因素来自于：塑造出"同仁即家人"一起打拼、一起收获的企业文化。

王品公司在事业成功后捐出股票，其中百分之五十的股息成立"戴水（戴胜益父亲戴芳与母亲黄水剩）清寒奖助学金"，另外百分之三十的股息成立"戴胜益同仁安心基金会"，如有罹患重症、意外而伤残的员工，王品愿意照顾他们一辈子。在清苦中成长的戴胜益，培养出异于他人深厚的家庭感情，且以实际行动发挥"化小爱为大爱"的精神，不再独厚于子女，而是将共同奋斗的同仁当成家人来照顾，最后将成果回馈社会，完成社会共泽的理想。

而奇美以诚实缴税为傲，将收益回馈社会；成立奇美医院照顾乡亲的健康；设置各种奖学金，为社会培育英才；设立奇美博物馆，全力提升文化素养，名声响誉国际。将浓厚的亲族之情普泽于大众，更兼而提升文化与传承的素养，这是一个受人景仰的儒商典范。

当立身处世的原则在家庭教养的薰陶中确立后，不仅不易被外界利欲所侵蚀，执行理想的决心必能有始有终，更具开阔的胸襟与超然的怀抱。行善的决心来自于父母教养的贤德，父母的声名也因儿女的光荣显耀起来，这便是孝道的完成。

奇美与王品的领导人，传承儒雅的文化，由厚待亲属推及社会的关怀和慈爱，体现了人性的善良和道德修身典范的功效。不再陷于"宠溺子女"的迷思中，让子女了解"以自己的努力来争取别人的尊重"，并在自励自进中体会父母关爱的用心，事事以"端正自持、勇于承担"的经营竞争力，丰富生命的历练才是爱，才是父母严格要求下的最终期待。

延伸思考

一、生活中，父母亲对你的要求除了学业成绩之外，最重视的品德要求是什么？

二、如果有一个愿望是：永远失去父母来交换一笔为数可观的财富，可以购买当下需求的物质。你愿意接受这个愿望的实现吗？

引导式作文

"戴胜益对子女教养的想法是：一定要让小孩走投无路，他们才会闯出属于他们的生存之道。每次看到媒体上企业后代跑趴、泡夜店、玩名牌的新闻，我都很不以为然。我觉得这是未富先贵，这种光鲜亮丽的日子过惯了，以后怎么可能任劳任怨、苦干实干？我不要我的小孩不知人间疾苦，而要让小孩知道人间疾苦的方法，就是先让他们过得很疾苦。"

针对上述"吃苦才是最重要的教养方法"，请提出"身为子女"的看法，文长约三百字。

谈 学

谈学一：比读书更重要的事？

🖒林欣育

（一）子曰："弟子①入则孝②，出则弟，谨而信，泛③爱众而亲仁④。行有余力，则以学文⑤。"《学而第一》

（二）子夏曰："贤贤易色⑥，事父母，能竭其力，事君，能致其身⑦，与朋友交，言而有信。虽曰未学，吾必谓之学矣。"《学而第一》

---

① 弟子：即"子弟"，为人子为人弟者。
② 入则孝，出则弟：入，在家。出，在外。弟，通"悌"，友爱兄弟。
③ 泛：广泛。
④ 亲仁：亲近仁人。
⑤ 文：泛指各种文献典籍与文化知识。
⑥ 贤贤易色：第一个"贤"是动词，尊敬；第二个"贤"是名词，贤人。易，替换。色，美色。
⑦ 致其身：奉献他的生命。

导读：态度决定你的一切

做任何事之前，什么是最重要的？

二○○八年艺人"黑人"陈建州自行出资与首次担任导演拍摄的职篮台啤队纪录片《态度》，在新加坡电影节中获颁最佳纪录片大奖，电影海报标语写着"你的态度，决定你的梦想"。他说："一个人如果没有傲人的学历，没有丰富的资源，没有有钱的爸妈，那么他想获得成功，只能依靠三样东西——第一是态度，第二是态度，第三依然是态度。"从那之后，"态度"成为琅琅上口的流行语，连T恤上都有写大大的"态度"两字，传统价值观换穿成时代潮流的新衣，仍旧散发着耀眼光芒。

"先学做人，再来念书"、"最重要的是你的态度"是很多老师对学生的耳提面命。因为有太多的时事新闻，总是在报导高学历者的犯罪行为后补上一句"书都不知道念到哪里去了"的感慨，感慨有高学历并不代表一定也有高道德修养。台东菜贩陈树菊女士多年来共捐出了近一千万新台币做为慈善用途，包括帮助儿童、孤儿以及建立图书馆等，获选美国《时代》杂志和《福布斯》杂志二〇一〇年最具影响力时代百大人物之"英雄"项目第八位和二〇一〇年亚洲慈善英雄人物第四十八位。她,只有小学毕业,然而她的成就,是许多知识分子也远远不及的"台湾之光"。

因此孔子论学时,认为"做人"是为学的基本,而为学的次序应从周遭的待人接物开始。一个人要先做到"孝悌、谨信、爱众、亲仁"之后,行有余力,才去学习"文",而"文"其实广泛指各种文献典籍与文化知识。由此可知孔子十分重视"知行合一",德行与知识的结合,先注重德行的重要,再进行知识的学习,如此所学才不致空泛无据,徒然流于形式而不能融于生活。因此孔子所谓的"学",并不单指知识,而是涵盖"德行"层面的广义学习。子夏亦认为若能做到"尊贤、孝亲、忠君、信友",也等同读圣贤书行圣贤理了。

从生活中的各项细节便可观察一个人是否真的有心学习知识道理,如果立身处世的准则有所偏颇,纵读再多书也只是枉然。因为"知行合一"向来即是儒家为学做人的基本要求,生活道德的踏实实践远胜于知识道理的记忆背诵,放诸中外四海皆准,历久弥新。

延伸思考

一、如果做人处事比从师问学来得重要，许多成功者的学历也并不甚高，那在校学习的重要性又在哪？

二、我们该如何将书本所学应用于生活中？

引导式作文

每个人认为生命中最重要的事都不尽相同。随着年纪的增长，在人生学习的这条路上，每个人都学到了很多，不只是书本上的知识，还有生活中的道理。有人追求财富，也有人觉得家人就是最重要的财产；有人觉得健康最重要，有人则觉得快乐就好。一路走来，你最想追求的是什么？

请以《生命中最重要的事》为题，写作一篇文章。

谈学二：如何缴出一张漂亮的成绩单？

林欣育

原文

（一）子曰："学而时习①之，不亦说②乎？有朋自远方来，不亦乐乎？人不知而不愠③，不亦君子乎？"《学而第一》

（二）子曰："温故而知新，可以为师矣。"《为政第二》

（三）子夏曰："日知其所亡，月无忘其所能，可谓好学也已矣。"《子张第十九》

---

① 时习：时常温习。
② 说：通"悦"，喜悦。
③ 愠：音 yùn，生气。

（四）子曰："学而不思则罔[1]，思而不学则殆[2]。"《为政第二》

（五）子曰："吾尝终日不食、终夜不寝，以思，无益，不如学也。"《卫灵公第十五》

 ## 导读：温故更知新

二〇〇五年创办苹果电脑的乔布斯在斯坦福大学的毕业典礼上致词，他说他当初选择就读的是一所学费几乎跟斯坦福一样贵的学校，但六个月后，他不知道念大学的价值与目的何在？也不知道这辈子能做什么？为了读大学还要花光父母所有的积蓄。于是，他决定休学。

但他并未停止学习，他休学后去学英文书法（calligraphy instruction），他学会在不同字母的组合间变更字间距，学到活版印刷伟大的地方，他深深着迷于科学文明无法取代的书法

---

① 罔：通"惘"，迷惘。
② 殆：危险不安。

艺术。十年之后，当他设计出第一台麦金塔电脑时，脑袋里突然浮现出这些字体，就把它们通通都放了进去，于是有了第一台能印出漂亮字体的电脑。

乔布斯用自己的例子告诉每一个毕业生，人不能先把所有历程中的经验加以组合，只有将来回顾时，才会明白这些点点滴滴是怎么串联的。而这也告诉了我们，所有学习过程中的点滴是如何汇聚成最终的江河——旧知识将带来新力量。

常有学生问，为什么要读书？书又要怎么读？其实可以说，读书是为了累积个人的资本。或许当下所学到的知识与道理不是立刻便能参透了悟并学以致用，但也并非纯属无用之学。观之孔门论学，"学"和"习"是分开的，但又不可偏废。"学"，是"知新"，是"日知其所亡"，是吸收新知识和经验；而"习"，可以"温故"，可以"月无忘其所能"，可以累积并运用旧知识和经验。而温故又可以知新，在已知中经过自我的融会贯通再创新智慧。孔子便是最好的例子，不仅"韦编三绝"以钻研学问，又整理六经赋予传统新的价值与意义。孔子终身在为学、做人两者间时时精进，孟子尊以"圣之时者"的称号，正是赞赏他与时俱进的学习态度。

但要如何有效学习？除了温故知新，孔子也首倡学习和思考并重。近代学者杨树达在《论语疏证》中提出："温故而不能知新者，学而不思也；不温故而欲知新者，思而不学也。"两相对照，实有相通之处。学习如果只是填鸭式的死记而不知活用，只能落得"两脚书橱"的窘境，务必要加入"思考"，才能内化所学为己所用，掌握时势潮流的演进，适时整理并活用旧知识与经验，创造出"新知识"的价值。乔布斯带动苹果转型成功，正是活络学习与思考，掌握市场发展的明证。

学习的道路一望无际，但走过的每一步都会留下痕迹，步步都是导向未来的契机。唯有"温故"与"知新"并重，才能明确地活用学习。他人无法替自己学习，但自己学习后获得的也是他人夺不去的知识与智慧，唯有融会贯通才能内化成自我的实力。面对学习的挑战，每个人都得拿出真功夫。

延伸思考

一、你是否有过在不同时间听到同一首歌、看到同一部电影或读到同一本书会有不同的感受？又有何不同的体会呢?

二、在看到各种网络谣言和末日预言时，你的感受为何? 为什么?

三、你有其他特别值得分享的学习方法吗?

引导式作文

生命中有很多事在发生的当下就这么过去了，在今日回想起来，你是否对其中哪件事有特别的感触? 今昔对照之下，是否有不同的感受?

请以《那年所发生的事》为题，写作一篇文章。

谈学三：少年得志，更当勤勉

林欣育

原文

（一）子曰："譬如为山，未成一篑①；止，吾止也。譬如平地，虽覆一篑，进，吾往也。"《子罕第九》

（二）子曰："苗②而不秀③者有矣夫！秀而不实④者有矣夫！"《子罕第九》

（三）冉求曰："非不说⑤子之道，力不足也。"子曰："力不足者，中道而废。今女画⑥。"《雍也第六》

---

① 未成一篑：还差一篑土而没有堆成，比喻功败垂成。
② 苗：植物初生。
③ 秀：草木开花。
④ 实：草木结实。
⑤ 说：通"悦"，喜爱。
⑥ 画：画地自限，自己设立界限不求突破。

导读：如何不只"小时了了"？

　　中外古今不时有闻"天才儿童"的出现，不是有着极高的智力，便是在某方面崭露特殊长才。在台湾演艺圈中也有"天才童星"如"小小彬"者，造成一股旋风，却也带来极大的争议。"小小彬"与同样出身童星的"小彬彬"父子如出一辙的样貌与演技令人称绝，但随之而来的邀约与活动，也传出让小小彬的体力不堪负荷，即使就读幼稚园亦时常缺课，因此失去许多与同龄孩子相处和学习的机会。有儿童心理专家投书媒体："请小彬彬放了小小彬，让他能像普通孩子一样正常长大"，如此情形甚至引起台北市劳工局关切，并因此制订"小小彬条款"——未满十五岁的孩子在台北市工作需先向劳工局报备，违者将予以重罚。天才童星的状况也因而引起社会各方的关注与讨论。

　　高中语文课本里也有一篇情况极为类似的《伤仲永》，描述了一个因有写诗奇才而受到瞩目的天才儿童方仲永，却因父亲贪图巡回演出的短利而"不使学"，长大成人后落为平庸的故事。作者王安石一方面伤惜方仲永未能成才，一方面也谴责短视的父亲乃至好奇的邑人，藉以强调受教学习的重要。以古视今，令人发为深省。

或许有人会以"小时了了，大未必佳"来嘲讽过早成就者不一定日后也有相当的表现，却不知"小时了了"一语的典故是出自于孔子二十世孙孔融。孔融年仅十岁时，便能与当时颇负盛名的司隶校尉李元礼应对自如而折服众人，不料却被太中大夫陈韪以"小时了了，大未必佳"来加以嘲弄，但是孔融仅回应以"想君小时，必当了了"，便令陈韪无言以对。而孔融以日后的勤奋发展先天的禀赋，不仅德行修养令人佩服，在文学上的表现更被曹丕列入"建安七子"之首。王安石小时候亦是聪慧过人，《宋史》说他"一过目终身不忘"，但他从不自限于先天的聪颖，他的好学及勤读让他在学识修养上更上层楼，不仅一试及第，也植下了日后变法图强的博识与前瞻，因此王安石也才会对同乡又年龄相仿的方仲永有着"不使学"的叹惜。

《尚书》中言："为山九仞，功亏一篑"，孟子亦言"掘井九仞不及泉，犹为弃井。"有太多的例子揭示"学习"的重要，而学习又尤重于"持之以恒"，为学如果不能贯彻始终，终究也只是徒劳无功。孔子说成功或失败的关键不在他人，就在自己，切莫画地自限、中道而废，也因此最赞赏资质优异却仍努力精进的颜回："吾见其进也，未见其止也。"

棒球迷都深知，不论前几局的球赛如何精彩，"最后一个出局数"才是关键，因为第九局下，决定比赛的胜负关键才刚开始。"行百里者半九十"是为人所熟知的一句，人亦常言"最大的敌人便是自己"，因此征服自己便是最困难的战争，需要穷尽一生的力量，为实践理想而坚持到底，后天的努力才能使先天的禀赋不致白费，甚至更加不凡。

延伸思考

一、你曾经有过什么梦想？时至今日实现了吗？

二、如果你的梦想没有得以实现，又是因为什么原因？

引导式作文

每个人小时候都有过梦想，随着时间的流逝，有的梦想可能早已实现，有的梦想却已然破灭。回首过去，你曾经有过什么梦想？时至今日实现了吗？今日的你有哪些话想要告诉从前的自己，以避免日后的懊悔？

请以《给小时候的我》为题，写作一篇文章。

谈学四：别让今天的荒废，成为明天的后悔！

 林欣育

原文

（一）子曰："后生可畏①，焉知来者②之不如今也？四十、五十而无闻③焉，斯亦不足畏也已。"《子罕第九》

（二）子在川上，曰："逝者如斯④夫！不舍⑤昼夜。"《子罕第九》

（三）子曰："学如不及⑥，犹恐失之。"《泰伯第八》

———————————

① 后生可畏：年轻人每每能超越先辈，令人敬畏。
② 来者：后生、晚辈。
③ 闻：音wèn，名誉。
④ 逝者如斯：时光、事情的消逝如同河水流去般迅速。
⑤ 舍：停止。
⑥ 不及：赶不上。

导读：人生不能重来

　　红极一时的歌手萧敬腾为宣传新专辑受邀到某谈话节目，在专访中，他不隐瞒自己年少荒唐，坦承自己曾让爸妈非常担心，更率直且伤感地自我剖白："我什么书都没读，我连字都不会写"、"回想我自己，我就不敢生孩子"，他真挚诚恳地懊悔过去叛逆的自己所带给父母的伤害及现时的遗憾，也以此鼓励歌迷要好好读书。

　　根据报导萧敬腾就连拍戏读剧本，都要工作人员先"导读"一遍才能上阵演出，如果要送签名专辑，必须要工作人员先在纸上写一遍给他看才能照着"画"下该签的字句，他还说能念到二技全靠术科过关。直到公司带他求医，才知道他先天患有"阅读障碍"。但医生表示阅读障碍和智商没关系，只要经过治疗，换个方式学习，还是能有一片天空。

　　萧敬腾是幸运的，可以藉由其他领域过人的天赋崭露头角，但他相对在其他部分要付出更多的努力与代价，才能取得适度的能力，所以他仍对年少的荒唐感到后悔。如果当时好好念书，或是及早发现障碍并加以改善，他的遗憾会不会更少？

　　是以孔子谈论学习一定要及时把握时光，更以"逝者如斯"来自我警惕与告诫后学，莫待时光消逝，一事无成而空留憾恨，曾子也说："三十、四十之间而无艺，即无艺矣！五十而不以善闻，则无闻矣！"都是期许读书人能早日有所成就。因为学习是有黄金时期的，《礼记·学记》曾言："时过然后学，则勤苦而难成。"一旦过了年少学习的黄金时期，体力与脑力只会不断下降，日后再想有所精进，恐将事倍功半，徒呼负负罢了。难怪陶渊明曾有诗劝人及时读书："盛年不重来，一日难再晨；及时当勉励，岁月不待人。"

　　以孔子的贤能，他终身好学的态度更令人敬佩。不仅"十有五而志于学"，更言："十室之邑，必有忠信如丘者焉；不如丘之好学也。"对学问总是抱持着"犹恐失之"的态度孜孜矻矻地掌握每一个学习的机会，影响所及，急于实践真理的子路更是"未之能行，唯恐又闻"。因为时间总在滴答中流逝，所以如何把握时间有效学习，自古以来即是重要的课题。欧阳修曾云："最佳读书时，乃为'三上'，即枕上、马上、厕上"，三国时的学者董遇也说："读书当以三余。冬者岁之余；夜者日之余；阴雨者晴之余也"，都是掌握时间的经验分享。零碎时间，一旦善加运用，也能聚沙成塔。

《淮南子》一书直言："谓学不暇给者，虽暇亦不能学。"就别再为自己找理由了吧！人生只有一次，很多事无法重来。学习，也要自强不息，不妨就从当下开始！

延伸思考

一、你想在未来的何时完成你的梦想？在那之前你该如何规划你的人生？

二、你如何有效利用零碎的时间？

引导式作文

人生只有一次，不能重来。有人感叹年少荒唐未能好好念书，有人悔恨没能及时对家人说出心中的爱……你是否有做过任何让你至今仍感到后悔的事？是否曾有过"如果当时……，今天就……"的懊悔念头？要如何补救才能稍减心中的遗憾呢？

请以《最后悔的事》为题，写作一篇文章。

谈教育

谈教育一：站在街头的孔子

林欣育

 原 文

（一）子曰："自行束脩①以上，吾未尝无诲焉。"《述而第七》

（二）子曰："有教无类。"《卫灵公第十五》

（三）互乡难与言②，童子见，门人惑。子曰："与其进③也，不与其退也，唯④何甚？人洁己⑤以进，与其洁也，不保⑥其往也。"《述而第七》

---

① 束脩：古人以肉脯十条扎成一束，做为拜见老师最起码的礼物。
② 互乡难与言：互乡，一个地方的名称。互乡的人自以为是，很难和他们谈话。
③ 与其进：赞许他上进。
④ 唯何甚：唉！何必拒人太甚。
⑤ 洁己：修正身心，使自己的行为端正、严谨。
⑥ 保：追究、计较。

导读：每个孩子都需要机会

二○○八年天下杂志社出版了一本《街头日记》，记录美国加州威尔森高中二○三班学生的真实故事，并改编为同名电影，被誉为继《春风化雨》之后最激励人心的校园影片。

艾琳·古薇尔是个初出茅庐的英文老师，却在被称为"充满枪械与涂鸦的帮派饶舌音乐之都"任教，她面临的第一个挑战就是接手学校被迫成立的种族融合实验班，包含拉丁裔、墨西哥裔、亚裔、白人等的问题学生，家庭问题、帮派、暴力和死亡则是学生每天要面对的挑战。她透过阅读名著与写日记，带领学生展开一场彻底颠覆人生的学习之旅，让一群问题学生顺利升上大学，并成立"自由写手"基金会，将一百五十位青年学子的日记与为师的笔记集结出版，见证教育是如何改变一个人的一生。

"多数来自贫穷家庭的学生能够拥有的人生选择并不多，教育是不公平社会下唯一的出路"，艾琳·古薇尔还说："透过教育可以选择自己想要的人生，经营自己的选择"，所以她不放弃任何一个已被宣告放弃的学生。我国古代的孔子，同样也是站在街头，首开春秋时期私人讲学的平民教育先河，打破"学在官府"的贵族传统，面对"自行束修以上"、"洁己以进"者，皆秉持"有教无类"的教育平等理念。因此三千弟子中，有富如子贡也有贫如闵子骞者，有贵如孟懿子、司马牛，也有贱如冉雍者，孔子皆一视同仁，未尝无诲，而养成了精通六艺的七十二门人。我们当前的教育，同样也秉持"有教无类"的理念，经由人人都可以接受机会均等的教育，创造出每个孩子不一样的精彩人生。

在《街头日记》第一四二篇《终于毕业了》中，那些曾被放弃的孩子们写道："有谁会想到这些问题学生会有今天？……一直到有人发现这种分类法是错的，这些被烙上'问题学生'的高中生才有机会翻身。在此之前，这群'被分类的'孩子从来没有机会可以证明他们只要获得机会就能绽放异彩。"在艾琳、孔子与其他教育者的努力下，证明了学习对成长启发的重要性。每个孩子都需要机会，这些机会可以是家长、老师或社会所提供的，但更重要的是，自己要掌握每次学习的机会，给自己一个成长的契机。

延伸思考

一、对于"自行束脩以上"的讨论向来莫衷一是，甚至有人因此觉得孔子是有条件授学而并非真的有教无类，就你的观点而言，你认为孔子对于"自行束脩"的坚持，他的用意是什么？

二、在你的学习过程中，是否有哪位老师的教育理念让你感受特别深刻？

引导式作文

我很羡慕亚洲国家的家庭把教育看得如此重要，不幸的是，美国拉丁裔和非洲裔的家庭并不这么重视教育。……美国的大城市里贫民区多半是非洲和拉丁裔，枪、毒品也与他们形影不离，成为一种世代传递的暴力与贫穷循环。讽刺的是媒体总是让他们以为可以逃离这一切，我的学生因此常想透过成为明星球员、歌手等等脱离这一切，但毕竟不是每个人都可以成为杰克逊、乔丹、丹泽尔·华盛顿，没有这么多机会给他们，接受教育才是唯一的出路。（《街头日记》作者艾琳·古薇尔接受天下杂志社的专访文）

观察现今的学生，仍有以王永庆未有高学历也曾当过台湾首富为由，觉得不需要念书也可以有所作为，请在阅读此篇专访后思考其中的差异，并以《给自己一个机会》为题，写作一篇文章。

谈教育二：让每一个孩子站在不同的起跑点

林欣育

原文

（一）子曰："中人①以上，可以语②上也；中人以下，不可以语上也。"《雍也第六》

（二）子路问："闻斯行诸③？"子曰："有父兄在，如之何其闻斯行之？"冉有问："闻斯行诸？"子曰："闻斯行之。"公西华曰："由也问闻斯行诸，子曰'有父兄在'；求也问闻斯行诸，子曰'闻斯行之'。赤也惑，敢问。"子

---

① 中人：中等资质的人。
② 语：音 yù，告诉。
③ 闻斯行诸：听到一件合于义理的事，就立刻去做吗？

曰："求也退^①，故进^②之。由也兼人^③，故退^④之。"《先进第十一》

 ## 导读：你，也可以不一样！

　　根据二〇一〇年五月《哈佛商业评论》的报导，在很多五星级大饭店里，一个员工可能一辈子只做一件事，很少有饭店让一个员工从警卫最终升到总经理，但在亚都丽致饭店，这并非特例。

　　王晓东的个人传奇故事，是亚都丽致饭店总裁严长寿用人的惊奇之作。只有高职学历的王晓东，一九八三年在亚都只是一名警卫，之后被调成门房再调到中餐厅、人事室，十多年后终于跃升为台中永丰栈丽致饭店的总经理，之后更辟土西进。早年亚都员工对他的印象是："他一句英文都不会，客人要跟他讲话，他就自动后退。"但严长寿看他工作得不错，待

我在台湾教语文：教孩子学会做人的《论语》

---

① 退：过于谨慎，以致退缩。
② 进：鼓励进取。
③ 兼人：好勇刚强，胜过他人。
④ 退：抑制退让。

人又机灵，所以慢慢培养他，见他英文不好，就刻意派他至国外历练。王晓东在亚都前后总共历练过十七个不同的职务，也从警卫做到了总经理。

在亚都，不少人是这样不断被调动，不断学习新的领域。严长寿说："我一向喜欢用颠覆、突破的方式做事。"并认为领导者最重要的能力之一，就是要能"识人"，将员工的潜力发挥出来："我用人的方法极多，有时是用他的长处，将他的弱点修饰到最小；有时又针对他的短处，让他补修一些学分，扩大对不同领域的了解，完成一连串的训练，他才像是修完了学分。"企业界中也能有如此开放且富前瞻性的教育训练，俨然便是孔子所说的"因材施教"。

孔子谈论教育，其实非常讲究实效，前提便是施教之前要先鉴别每位学生的本质，再依每位学生不同的特质给予不同的指导，如此可见有效能的教育是因材施教并循序渐进的科学管理。在《论语》中，有子路"闻斯行诸"之问，孟武伯、子游、子夏问"孝"，樊迟、颜渊、司马牛、仲弓、子贡、子张问"仁"，孔子回答亦有所不同，务求能切合每位学生的需求，并结合每位学生的生活启发。运用在今日的社会中，

"因材施教"已不仅仅局限于教育界。主管用人，贵在"识人"，才能发掘人才，创造价值；朋友相处亦复如是，对于不同性格的人，要用适合彼此的方法才能友善相处，甚至激发彼此之间更多的可能。

王晓东说："亚都给我的最大感受是，我好像是个超级海绵体，一直学、一直学，它也让我一直成长。"王晓东因为遇见严长寿的效能提携而得到人生不同的发展，严长寿也成了亚都人才库的伯乐，替亚都打造了更多的传奇。如果能够适时地发掘每个人的优缺点并加以琢磨，如此一来，每个人都可以是博学识才的"伯乐"，更可以是纵横万里的"千里马"。

延伸思考

一、孔子说"有教无类"，又说"因材施教"，你觉得这两者有互相矛盾吗？

二、你觉得"常态编班"还是"能力分班"比较好？

三、在你的学习过程中，是否有哪位老师曾经给予你特别的指导，使你获益良多？

引导式作文

　　这世上每个人都是独一无二的，每个人都有自己的优缺点和特色，但是你真的认识自己吗？你和其他人又有什么不同？

　　请以《与众不同的我》为题，写作一篇文章。

谈教育三：当孔子遇见苏格拉底

林欣育

原文

（一）子曰："不愤①不启②；不悱③不发④；举一隅不以三隅⑤反⑥，则不复⑦也。"《述而第七》

（二）子曰："予欲无言⑧。"子贡曰："子如不言，则小子何述⑨焉？"子曰："天何言哉？四时行焉，百物生焉，天何言哉？"《阳货第十七》

① 愤：心求通而未得,从而产生烦闷、着急、发怒的情绪。
② 启：启发。
③ 悱：音 fěi，口欲言而未能，从而产生的惆怅、幽怨、苦痛的情绪。
④ 发：启发。
⑤ 隅：音 yú ，角。
⑥ 反：类推。
⑦ 复：再次教导。
⑧ 无言：不讲述。
⑨ 述：传述。

导读：做学习的勇士

　　《深夜加油站遇见苏格拉底》一书，问世近三十年，翻译成三十多种语言，更在二〇〇六年改拍成同名电影，被喻为"改变无数青春生命的心灵圣经"。作者丹·米尔曼在接受专访时他说："每个读者都是在受训练的勇士。"

　　丹·米尔曼是前世界级体操锦标选手，这本半自传体小说则像是一场奇幻旅程，主角就是年轻气盛的自己。年少的丹·米尔曼诸事得意，却每在深夜里因噩梦惊醒，有一次索性出门跑步，遇见了一个在加油站值夜班的老人，问了他一个非常简单的问题："你快乐吗？"这名叫苏格拉底的老人充满哲理的言语和神秘的行事激起了他的好奇心，也让他的人生开始有了转变，从此他不断向老人学习，重新体验人生的真谛，追寻自我的价值。

　　这名老人当然不是真的苏格拉底，但他的名字却象征着不凡的哲理与智慧。有人说，苏格拉底和孔子有若干相似的地方，苏格拉底终日苦心教导雅典青年的热诚，和孔子"学不厌，教不倦"的精神，都是伟大教师的典范，甚至有人将他比做希腊的孔子，将他的学生柏拉图比做希腊的孟子。而苏格拉底和学生讨论时常用"诘问法"，又叫"产婆法"，他认为每个人天生下来就是有理性存在，而教导者只是如产婆般从旁辅助和引导，唤醒个体天生的智慧。这种藉由不断问答启发学生探求答案的教学方法，也与孔子不谋而合。

孔子注重"启发式教学"，惯以提问的方式引导学生回答，并强调教师的引导是建立在学生主动学习的基础上，学生必须具备学习的动机与欲望，藉以培养触类旁通的思考与推理能力。孔子更以大自然为喻，提出了"不言之教"，以教师而言，身教重于言教；以学生而言，学习最终还是要靠自己的努力，在生活之中贵能躬行体悟。

柏拉图因受苏格拉底的陶冶，变成一个酷爱智慧的青年，他常说："我感谢上帝赐我生命……，但是我尤其要感谢上帝赐我生在苏格拉底的时代。"使人如沐春风者，莫过于开启智慧的良师。一个加油站的老人，可以教导世界级的体操选手，转而休养心性；一本书，可以改变无数的青春生命，转而积极进取；一位良师，更可以影响学生的一生。孔子说"三人行，必有我师焉"，学习的机会无所不在，就看你是否能够主动学习。

延伸思考

一、人说"身教重于言教"，你觉得你的父母和老师有何值得你学习之处？

二、你从观察大自然的变化与四季的运行中，是否有过特别的体悟？

引导式作文

生活中有很多人事物，都是值得我们去学习的。有赫赫有名者，成功的原因为人所熟知；但也有默默无闻者，在社会的角落奉献着自己的心力，两者都成为一种向善的影响力。你是否在身边发现这种小人物，在平凡的生活中散发不平凡的光芒？藉由观察身边的人事物，你又获得了什么启示？

请以《不平凡的小人物》为题，写作一篇文章。

谈诗礼乐

谈诗礼乐一：如果周杰伦不能唱歌、听音乐？

陈怡嘉

（一）子曰："诵《诗》①三百，授之以政，不达；使于四方，不能专对；虽多，亦奚以为？"《子路第十三》

（二）子曰："兴于诗，立于礼，成于乐。"《泰伯第八》

（三）子曰："小子何莫学夫诗。诗，可以兴，可以

---

① 《诗》：《诗经》，成书年代约为春秋中叶前五、六百年间的作品，经孔子删修后共有三百零五篇，又称"诗三百"。《诗经》内容丰富，题材多元，是韵文之祖、纯文学之祖、北方文学（黄河流域）的代表，也是最早的诗歌总集，在中国文学中具有非常重要的地位与价值。

观，可以群，可以怨①。迩②之事父，远之事君。多识于鸟兽草木之名。"《阳货第十七》

 ## 导读：有了《诗经》，让你的生活更宽广

有一天，周杰伦一早醒来正想边听个《稻香》边刷牙、洗脸时，妈妈叶惠美突然冲进来紧张地制止他，说："STOP！唉呦！杰伦，你忘了啊！亚力安星球政府规定从一月一日开始'禁止人民唱歌、听音乐'，路上的唱片行昨天就全部关门大吉啦，如果发现有人哼歌听音乐的，可要重罚啊！你今天开始绝对不能弹钢琴，不能跟方文山痛快地作词写曲，到学校千万也不要跟蔡依林、王力宏他们哼哼唱唱啊！这规定要严格执行，被罚钱了可划不来！"

这个新政策让大家都很紧张，但周杰伦只能听妈妈的话，一路闷闷地到了学校。一到学校，发现原本当当当的钟声

---

① "可以兴"四句：感发意志曰兴，考见得失曰观，合而不流曰群，怨而不怒曰怨，即孔子所言《诗经》的"温柔敦厚"之道。
② 迩：近。

都变成了校长的广播，上下课时间到，只听到校长用低沉严肃的口气说："同学们，上／下课了！"大家真是开心不起来，连去荡秋千都懒洋洋的！回家打开电视，发现全部的节目都没有配乐；上网玩游戏时，再怎么英勇打死了恶魔，没有音乐的助阵也欠缺了气势！一瞬间，连电视、游戏都变得索然乏味，忧郁症的人数每周都创新高，精神科的医师自己都得了精神病！

如果，这个不能听音乐的世界成真了，你会不会也要崩溃？

音乐是人们的精神食粮，生活上抽掉了音乐会让人精神苦闷，痛苦指数飙到最高点！因此，在两千多年前，孔子就要学生读《诗经》，也推崇周公以制礼作乐治国的理想，想想以音乐或诗歌来抒发情感真是太有道理了！

《诗经》是最古老的诗歌总集，它是可以歌咏的音乐，也是最丰富的文化宝典，它涵盖了地方歌谣到宗庙乐曲，内容丰富，题材多样，不论是政治思想、伦理道德、社会风俗、礼仪文化，以及天文历法等都无所不包。

《诗经》源自于民间，源自于人们最真挚的性情，不论是生活的苦痛、家破人亡的悲离或是七情六欲的描写，都展现了温柔敦厚的特质。

因此，孔子说"不学诗，无以言"，他认为把《诗经》读好，自然就能借取别人的生活经验了解人生道理，也能从高度的文学技巧中学习说话之道，如此一来自然就能运用在侍奉父母、服侍君主上，也能达成齐家、治国、平天下的理想。

这本三千年前就产生的经典，是多么伟大又不可思议啊！它跨越了三千年到了现代，还是保有历久不衰的参考价值，透过文字内容和音乐韵律的潜移默化，不仅可以在诵读之间增广见闻，更能够让人们抒发情感，达到兴观群怨美化人生的教化目的。这部最古老的文学作品曾是孔子要学生多元学习的经典，它的生活学习与音律情感的影响仍延续到今日。

有了《诗经》，让千年的生民生活更宽广，更有韵味。

延伸思考

一、音乐的种类多样，你最喜欢哪一种类型的音乐？不同类型的音乐给予你什么样的感受？

二、《诗经》的内容丰富多元，你是否读过《诗经》

呢？它的内容与情感以现代观点来看是否仍然相通？

引导式作文

《诗经》是最早的诗歌总集，它经过孔子的删修后，就是歌曲与文化的总整理。而一首好的歌曲，不只是旋律能带给我们平静愉快的感受，还能在歌词中给予我们启发。你最喜爱的一首歌为何？这首歌给你的感受和启发又是什么？

请以《我最喜爱的一首歌》为题，写作一篇文章。

谈诗礼乐二：只要我喜欢，
有什么不可以？

♕陈怡嘉

（一）陈亢问于伯鱼曰："子亦有异闻乎？"对曰："未也。尝独立，鲤趋而过庭。曰：'学诗乎？'对曰：'未也。''不学诗，无以言。'鲤退而学诗。他日，又独立，鲤趋而过庭。曰：'学礼乎？'对曰：'未也。''不学礼，无以立。'鲤退而学礼。闻斯二者。"陈亢退而喜曰："问一得三，闻诗，闻礼，又闻君子之远①其子也。"《季氏第十六》

（二）子曰："恭而无礼则劳，慎而无礼则葸②，勇而无

---

① 远：无私厚。
② 葸：音ㄒㄧˇ，畏惧。

礼则乱，直而无礼则绞[1]。君子笃于亲，则民兴于仁；故旧不遗，则民不偷[2]。"《泰伯第八》

导读：有礼走遍天下，无礼寸步难行

六艺（礼、乐、射、御、书、数）是儒家要求学生掌握的六项基本才能，其中"礼"为六艺之首，用于维护各种人伦和道德规范，也是孔子最为重视的教学方针，儒家所追求的圣人之道，其实就是礼的发挥。

礼者，宜也，指日常生活的行为举止符合规范，然而，什么是合宜的表现，则必须"因人而异、因地制宜"。例如：印度人视左手为不洁，因此吃饭和接拿东西只能用右手，这是"礼"；在印度看到可爱的孩子不可碰触小孩的头，这也是"礼"。礼，往往是依照每个地区的生活规范而订定的：在欧美国家，即是再高级的餐具刀叉也不能拿来送礼，会让对方误以为是要"断交"；而漂亮的郁金香也被视为

---

① 绞：急切责人。
② 偷：指人情淡薄。

无情之花，更是不能作为馈礼，以免带来尴尬或误解。倘若在这些地区只凭自己的生活习惯随心所欲的话，就会违背礼节，有失尊重了！因此，博学如孔子，也担心自己"失礼"而"每事问"，在博学、审问、慎思、明辨中逐步养成"入境问俗"的生活礼仪，才能成为"走遍天下"的雅士。

礼者，宜也，它的另外一层意义，也是"节制"。有句话说："要害死一个人，就放纵他的一切过错！"一个人的言行若不受礼仪规范的约束，那么没有节制的行为，往往就会造成严重的后果，小则造成自己行为的鲁莽失序，大则甚至祸国殃民，遗害生灵。

美国摇滚歌手猫王艾维斯被认为是摇滚乐史上最具影响力的歌手，他在流行音乐界具有无人能及的地位，也让他累积了可观的财富，然而他富可敌国却毫不节制，除了自己拥有多辆凯迪拉克名车外，也曾购买超过一百辆的各式高级轿车分送亲友，挥霍钱财的结果使他必须超量工作以弥补财务漏洞，八年内开了一千一百场的演唱会更让他的健康亮起红灯；除此之外，猫王还喜欢吃垃圾食物，尤其是烤得焦熟的食物，而暴饮暴食的生活使他体态发胖，更恶化了身体状况。

最终，在健康、经济、外貌等方面的重重压力下，使得年轻的猫王患有焦虑、失眠等精神疾病，甚至开始酗酒、服用麻醉剂、兴奋剂，期望能减轻精神症状，可惜的是：这位摇滚乐之父仅仅四十二岁就因药物滥用而早逝了！他的音乐是传奇，然而，他无所节制的人生，也成了早逝的人生，更带来无数乐迷的伤痛。

有礼的人走遍天下，无礼的人寸步难行！《礼记》中说："人有礼则安，无礼则危。"富可敌国的人，如果缺乏礼仪的涵养，就会被批评为暴发户；学富五车却不守礼仪规范的人，也无法受到敬重。相反的，一个人在礼的规范下，养成谦善的人格，既能使自己受益无穷，也能在立身处世中形成风范，受人景仰。

延伸思考

一、各国风俗民情不同，倘若没有先做功课，彼此交流来往时，便容易贻笑大方，有失礼仪了。对于各国特殊的风俗民情试列举一到两项，与大家分享。

二、中华民族被称为礼仪之邦，举凡衣食住行都有规

范，而这些礼仪与相应的现代生活是否合宜？试举一到两例并
讨论之。

引导式作文

孔子说："不学礼，无以立！"礼，是立身处世的基
本，对于人格的养成具有重要的作用。因此，我们从小到
大，无不被教导要言行合礼。对于礼的规范，你的体悟是什
么？

请以《礼节与人生》为题，写作一篇文章。

谈政治

谈政治一：己所不欲，勿施于人

——政治的起点在同理心

吴慧贞

原文

（一）子贡曰："如有博施于民①而能济众，何如？可谓仁乎？"子曰："何事于仁②！必也圣乎！尧、舜其犹病③诸！夫仁者，己欲立而立人，己欲达而达人④。能近取譬，可谓仁之方也已。"《雍也第六》

（二）仲弓问仁。子曰："出门如见大宾，使民如承大祭。己所不欲，勿施于人⑤。在邦无怨，在家无怨。"仲弓

① 博施于民，而能济众：施，施恩。济，救济。
② 何事于仁：何止是仁。
③ 病：担忧。意指担心达不到"博施济众"的境界。
④ "己欲立而立人"二句：自己有立身处世的修养，也让别人能如此；自己能通达事理、遵行大道，也让别人能如此。
⑤ 己所不欲，勿施于人：自己不喜欢的事物，不要施加在别人身上。

曰："雍虽不敏，请事斯语矣！"《颜渊第十二》

 ## 导读：人饥己饥的精神是施政者的先决条件

施政者如果没有同理心，对天下人民会有什么影响呢？

公元二九〇年，中国最有名的愚蠢皇帝——晋惠帝司马衷登基。即位才不过七年，天灾便接连出现，造成连续三年歉收，许多人饿死路边，无人收骨。晋惠帝听到这种状况，竟然问出"何不食肉糜"的荒谬问题。为了解决人民"易子而食"的情况，他又下了一道诏令："骨肉相卖者不禁"。

针对人民饿到"易子而食"的地步，晋惠帝不去思考如何解决人民饥荒的问题，竟然提出政令让买卖子女合法化，将之视为解决问题的方法，这样只是更加凸显他的无知、无情与无能而已。

但晋惠帝真的到了无药可救的地步了吗？公元三〇三年八月，八王之乱，首都沦陷，晋惠帝开始长达三年的流亡生涯，亲身体验到疾苦的滋味：因为仓促离宫，惠帝只好向随从

谈政治

一四七

借贷度日；没水可喝，得向叔叔的部下投降才得以解渴；金碗玉箸、山珍海味的生活早已不再，能有瓦盆装饭、外加一些肉燥豆豉，就算饱餐一顿。有一天，惠帝想去祭拜皇陵、向先帝忏悔，无奈没有鞋子可穿。当随从脱下鞋子借给惠帝时，他终于忍不住痛哭流泪……

一直到山穷水尽、走投无路、日子过得跟百姓一样困苦时，贵为天子的晋惠帝才知道，百姓要的是一个能体会全民痛苦、能够感同身受、具有"同理心"的施政者！

痛定思痛的惠帝，在公元三〇四年十二月下了一道诏令："皇宫开销减至原来的三分之一，全国税赋降低三分之一。"公元三〇六年六月，惠帝终于回到长安，可惜为时晚矣，他在十一月驾崩，留给继任的怀帝一个残破不堪的天下，与即将灭亡的王朝。

孔子说，"仁"就是能"博施于民，而能济众"，又说"己所不欲，勿施于人"；孟子也说，在位者应当要有"人饥己饥"的精神。这些观念的核心价值，都是"同理心"三个字！

延伸思考

一、试问优秀的执政者除了"同理心"之外，还需要具备哪些条件？

引导式作文

一九八七年十二月二十一日，一名小学四年级的学生陆正遭匪徒绑架杀害，并勒索高额赎金。一直到破案前，陆正的父母都期望孩子能平安归来。有一次，悲恸万分的陆母忍不住抱怨："为什么这种事会发生在我身上，而不是别人？"

陆正的父亲陆晋德先生听到这句话后，并不是安慰自己的太太，反而严辞以对："你怎么能这么说！这么可怕的事发生在我们身上已经够惨了，怎么能诅咒别人家也遭受这种痛苦！"

陆晋德先生能以悲天悯人的心情来面对这桩无情的打击，其高尚的修养令人敬佩，也令人汗颜。

请以《己所不欲，勿施于人》为题，写作一篇文章，并提醒自己要终身实践这个理想。

谈政治二：从林肯到奥巴马

 原 文

（一）季康子问政于孔子。孔子对曰："政者，正也。子帅①以正，孰敢不正？"《颜渊第十二》

（二）子路问政。子曰："先之劳之。"请益②。曰："无倦。"《子路第十三》

（三）樊迟问仁。子曰："爱人。"问知③。子曰："知人。"樊迟未达。子曰："举直错诸枉④，能使枉者直。"樊

---

① 帅：通"率"，领导。
② 益：增加、补充。
③ 知，通"智"。
④ 举直错诸枉：举用贤能正直之士，安置在邪枉之人上。错，通"措"，安置。一说"错"意指罢黜；整句则解为举用贤能正直之士，罢黜邪枉之人。

迟退，见子夏曰："乡①也吾见于夫子而问知，子曰：'举直
错诸枉，能使枉者直。'何谓也？"子夏曰："富哉言乎！
舜有天下，选于众，举皋陶②，不仁者远矣；汤有天下，选于
众，举伊尹，不仁者远矣。"《颜渊第十二》

 ## 导读：一位从政者所应具备的品格

从政者能否"爱人"，能否作出正确的价值判断，影响
所及不只同一个时代的你我，更可能是数世纪的人民生活与国
家走向。

一八三〇年，美国总统杰克逊通过《印第安人迁移法
案》，要求北美原住民迁移到"保留区"。在这条"血泪之
路"上，政府刻意默许白人袭击和屠杀北美原住民。自十六世
纪白人移民新大陆之后，至少有将近两千四百万的原住民惨遭
屠杀，受害人数远远超过纳粹对犹太人的迫害。

白人的双手沾满的不只是原住民的鲜血而已。从十七

---

① 乡：通"向"，之前。
② 选于众，举皋陶：在众人中选用皋陶。

世纪中叶开始，大量非洲黑人被卖到新大陆，供白人奴役使唤。他们被迫从事最低等的劳力工作，报酬则是雇主永无止尽的虐待与殴打。

这是世界历史黑暗的一页，而创造这些污血纪录的人，便是历任漠视有色人种权利的从政者。

然而，黑暗之中，仍有光明。一八三五年，二十二岁的林肯离开家乡到新奥尔良工作，无意间看见一群被铐上脚镣的黑人，个个垂头丧气、神情哀凄；原来，他们如同货物一样正在被拍卖。林肯心想：他们可是活生生的人啊！怎么那么不尊重他们！从那一刻起，他发誓要为废除奴隶制度尽自己最大的力量。

一八五四年，反对奴役制度的林肯发表著名的《分裂的房子》演说，他沉痛地说："一半奴役、一半自由的政府绝不能持久！"同年，北方各州主张废除和限制奴隶制的人士成立了共和党。一八六一年，身为共和党员的林肯当选美国第十六任总统。然而他没有半点兴奋的心情，而是久久注视着墙上的美国地图，暗自勉励："从今天起，我将肩负起这重责大任！"

林肯发挥"爱人"的精神，呼吁白人要善待黑人，南北不要分裂。他以身作则，"先之、劳之！"无怨无悔的全力投入政事的处理；甚至在南北战争中，和许多老百姓一样，将自己的儿子送上战场。他能"知人"，任用尤里西斯·格兰特将军，并充分授权他运用战术，成功地在战争中取得胜利。

在林肯第二次连任时，这样说道："不以恶对待任何人；要以爱对待所有的人。在正义上坚定，如上帝所赐的辨别正义。我们要继续奋斗，完成正在进行的事功：缠裹国家的伤处，关怀那些本应对战争负责者的寡妇孤儿；一切所做的，都是为了达到并乐享公义持久的和平，在我们中间，也与万国共享。"

二〇〇八年，美国第一任黑人总统诞生了，奥巴马在林肯诞辰两百周年纪念日时，感激地说着："没有他（林肯），就没有今天的我。"在林肯的时代，黑人参政根本是痴人说梦，谁会想到百年后，美国会出现一位黑人总统？

从政者有决定社会走向的影响力，他们的一言一行实牵动着你我的人生。由林肯的例子可知，理想的从政者必须具备高度的人文关怀、诚恳信实的态度、用人的智慧及正确的价值判断。唯有先拥有这些品格，人民才会受到在上位者的感召，并甘愿服从；上下同心，才能建立美好的社会。而这些道理，孔子老早就在《论语》中不断阐扬、论述；可见只要是真理，不论古今中外皆能相通。

打开新闻，大家最常看到的画面，不外乎是一大堆名嘴分析着选举情势、政治人物声嘶力竭地大呼抢救；抑或候选人信誓旦旦地发表自己的政见，选后却突然"失忆"。对照起林肯对国家的付出，两者高下立判。

延伸思考

一、你认为一个从政者应具备哪些特质和素养？为什么？

引导式作文

其实，不管是不是权力在手的人，在人生中必然面临价值判断。你如何进行价值判断？你认为价值判断需要考量哪些条件？

请以《我的价值判断》为题，写作一篇文章。

谈政治三：喜马拉雅山下的香格里拉

杨蕙瑜

原文

（一）子贡问政。子曰："足食，足兵①，民信之矣。"子贡曰："必不得已而去，于斯三者何先？"曰："去兵。"子贡曰："必不得已而去，于斯二者何先？"曰："去食。自古皆有死，民无信不立。"《颜渊第十二》

（二）齐景公问政于孔子。孔子对曰："君君，臣臣，父父，子子。"公曰："善哉！信②如君不君，臣不臣，父不父，子不子，虽有粟，吾得而食诸？"《颜渊第十二》

一五五

———————

① 兵：国防力量。
② 信：确实、诚然。

（三）子适①卫，冉有仆②。子曰："庶矣哉！"冉有曰："既庶③矣，又何加④焉？"曰："富之。"曰："既富矣，又何加焉？"曰："教之。"《子路第十三》

（四）子夏为莒父宰，问政。子曰："无欲速，无见小利。欲速则不达；见小利则大事不成。"《子路第十三》

（五）叶公问政。子曰："近者悦，远者来。"《子路第十三》

 导读：理想国度的实现

周星驰的经典电影《武状元苏乞儿》在片尾中，康熙皇帝对苏乞儿说："你丐帮弟子几千万，叫朕怎么放心！"丐帮帮主答道："我丐帮人数不是我决定，而是你决定的；如

---

① 适：往。
② 仆：驾车。
③ 庶：人口众多。
④ 加：增加。

果你英明，可以国泰民安，人人有饭吃，人人有书念，鬼才愿意去当乞丐！"虽然周星驰的许多电影看似搞笑闹剧，但上述这段诙谐幽默的对话却与孔子主张的政治理想境界不谋而合。

随着物质文明不断发展，大家的生活越来越便利，越来越不虞匮乏。然而，人们的"快乐度"却并没有因此而提升，反而呈现下降的趋势。可是，在喜马拉雅山下，土地贫瘠、生存环境恶劣的小国不丹，却有百分之九十七的人说：我很满足。

不丹能成为世界上"最快乐的穷国"，大功臣是已卸任的国王吉莫·辛吉·旺楚克。他自八岁接任为国王后，就开始受到严格的培训，先后到印度与英国求学。他在英国期间，目睹西方世界在现代化过程中，虽然改善了人民的物质生活，但也同时带来高犯罪率、污染、失业率等社会问题。他们拥有财富，却一点也不快乐。年轻的国王开始对"经济发展"产生怀疑，回国后，他花了两年的时间走遍不丹的每个角落，探访人民的需求，倾听他们的心声。在执政的第三年，他提出"国家快乐力"取代"国民生产总值"的政策，这是相当需要勇气的，因为人民总认为：都吃不饱了，要谈什么快乐？但是，年轻国王就是做到了！

　　吉莫以国家预算的三成，建立了免费的医疗体制和义务教育。在这里，没有残破不堪的学校与教室，也没有受不起教育的孩子。人人有学校念，即使是偏远地区，硬件设备和市区也并无二致，从幼稚园到十年级都是免费义务教育，连文具也由政府提供。只要参加全国检定考，成绩在前十名者，便能免费出国深造。教育，使不丹人民产生社会流动，也使他们能获得更多更好的成长机会。

　　你或许会问：难道他们都不用买军备保护国家吗？吉莫国王当然也想到了这个问题，他聪明地以外交、经济和印度合作换取"零国防"，将多出来的经费完全花用在人民身上，人民的生活水准自然而然就改善了许多。

　　不丹对环境的开发秉持着"环保"与"平衡"的原则，他们不追求利益与快速，而是珍惜身边拥有的人、事、物，甚而是生活的环境。即使现在知名度大增，旅游业日渐兴盛，他们也不会被金钱冲昏了头，反而限制观光客人数，因为他们知道"见小利，则大事不成"，生活环境一旦被破坏了，再多的钱财也换不回来。

"快乐治国"不再只是口号，而是彻底实践，所以在不丹几乎没有乞丐、娼寮、毒枭或孤儿，人人各得其所，没有严重的贫富差距问题，也没有你争我夺的恶性竞争，更没有骇人听闻的犯罪事件。

"足兵、足食、民信之"、"君君，臣臣，父父，子子"、"庶之、富之、教之"，这些不丹全都做到了，可说是儒家理想国境的现代典范。

延伸思考

一、你对现在的生活感到满足快乐吗？为什么？

二、你认为快乐的定义为何？而要达到快乐的境界必须具备哪些条件？

引导式作文

陶渊明《桃花源记》道出了心中"黄发垂髫，并怡然自乐"的理想境界；柏拉图《理想国》希望由哲学家统治；汤玛斯·摩尔的《乌托邦》则追求社会平等与和平。每个人对理想国的定义都不同，而你心中的理想国度必须具备哪些条件？必须呈现何种样貌？

　　请以《我心目中的理想国》为题，写作一篇文章。

谈士与君子

谈士与君子一：放下，让世界更宽广

杨蕙瑜

原 文

（一）子曰："君子成人之美^①，不成人之恶。小人反是。"《颜渊第十二》

（二）子曰："君子泰而不骄，小人骄而不泰^②。"《子路第十三》

（三）子曰："君子坦荡荡，小人长戚戚^③。"《述而第七》

（四）子曰："君子喻^④于义，小人喻于利。"《里仁第四》

---

① 成人之美：成全他人的美事。
② 泰：宽广安舒。
③ 长戚戚：内心经常忧虑不安。
④ 喻：通晓。

（五）子曰："君子病①无能焉，不病人之不己知也。"
《卫灵公第十五》

导读：公元恢弘的气度与处世的智慧

二〇〇〇年的美国总统大选，选情之激烈掀起全世界的关注。民主党候选人戈尔仅仅以三张选举人票败给共和党小布什。事实上，若以普通选票计算，戈尔可是大胜了小布什五百多万票；然而，按照美国总统的选举制度，戈尔便落入败部。不只如此，由于两人票数相当接近，依法必须重新验票；且在小布什弟弟担任州长的佛州，计票过程中又出现瑕疵，戈尔阵营有合理的理由要求验票。但经过三十五天的攻防，最后联邦法院竟中止重新验票程序，等于直接判戈尔出局。

想想，这样的情形若是发生在你我身上，你会不会不甘心？

然而，戈尔展现了他高格调的风度及智慧，承认自己的败选并发表声明。声明中强调虽然不认同判决，但为了美国民主的健全与人民的团结，他选择接受。也主动对小布什释出善

———————————
① 病：忧虑。

意，恭贺对方，表示应将政党积怨摆在一旁，祈祷上帝保佑对方的领导；并希望尽快见面，以弥补因为选举造成的分裂。

一个人要有多大的气度和修养才能放下胜败、得失、偏执、嫉妒、利益、优越等，而真诚地祝福对手、成人之美？戈尔让我们看到一位"君子"所具备的风范。

君子内省不疚、心中坦荡，在乎的是"该与不该"的道义正义，而非诱人的权势富贵。君子胸襟宽广，绝不骄傲。他们不怕别人不知道自己，怕的是自己没有让人赏识的才能。

戈尔在败选后，并未挟着自己高票数的人气在政坛掀起巨浪，反而选择淡出，在另一个领域服务大众。他全力投身环保运动，参与制作和演出纪录片《不愿面对的真相》，呼吁世界重视全球暖化的问题。从这几年接连不断的天气异象来看，戈尔确有其卓识。虽然他无法以总统的身份推动各项建设，但却以行动告诉我们，真正要做事，不一定要有权力地位；不该盲目追求眼前利益，该做有益大众的事。意外地，戈尔落选后的影响力更甚之前，他的能力已经不需要透过总统选举来证明。二〇〇七年，他和联合国组织政府间气候变化专门委员会一起获得诺贝尔和平奖；戈尔的贡献，世界看到了。

也许"君子"的境界很难达到，不过从戈尔的例子来看，我们可以发现这并不是一项"不可能的任务"。其实，只要放下一己之私，就能看清许多事，辨别"义利"所在，胸襟气度自然也会坦荡安舒。

延伸思考

一、你认为"义利"的取舍关键何在？"义利"是否完全无法相容？为什么？

二、你的内心是否经常忧虑不安？为什么？这样的心情你如何排除？

引导式作文

对于想追求的事物，我们往往"紧抓"不放，但当追求不到时，内心的失落不可言喻。所以，学会"放下"可说是人生重要的课题之一。放下，烦恼消失；放下，快乐就来；放下，回归简单。

请以《学习放下》为题，写作一篇文章。

谈士与君子二：挪威人也读《论语》？

——和而不同的君子国

（一）子曰："君子周而不比①，小人比而不周。"《为政第二》

（二）子曰："君子之于天下也，无适②也，无莫③也，义之与比④。"《里仁第四》

（三）子曰："君子和而不同⑤，小人同而不和⑥。"

---

① 周而不比：周，亲善。比，音bì，结党。
② 适：音dí，固执专主。
③ 莫：不可。
④ 义之与比：亦即依循正道。比，音bì，依循。
⑤ 和而不同：意指君子即使与他人意见不同，也能和谐相处。和，和谐。
同，阿附。
⑥ 同而不和：意指小人相处不见得融洽，但是要求彼此意见必须一致。

导读：用孔子超时空的智慧化解深仇大恨

二〇一一年七月二十二日，是挪威历史的分水岭：恐怖攻击前的挪威与恐怖攻击后的挪威。

在毫无预警的情况下，一位极右派基督徒——布雷维克于一天之内犯下两起恐怖攻击，造成超过百人以上的伤亡，受害者以青少年为主。此次攻击为挪威在二战后、也是全球近二十五年来最严重的枪击事件。凶嫌指称，他的犯案动机是为了建立单一族群文化国家。惨案发生三天之后的二十五日傍晚，挪威首都奥斯陆的市府广场聚集了超过二十万的民众，参与"反恐大游行"。

自十八世纪法国大革命之后，欧洲各国人民就常常利用集会游行的机会，以激烈手段表达诉求；原本高唱民主自由的游行活动，往往变调成纵火劫掠的暴动事件。因此，集会消息一传出，大家的预期就是：情绪激动的民众，紧握拳头，举向天空，要求严惩凶手，正义伸张；总理在台上声嘶力竭：

"我们誓言！绝不宽贷凶手！"台下民众则是忘情的大声呐喊："杀人偿命！""纳粹可耻！""极右派滚出挪威！"种种口号不绝于耳。官方则是严阵以待，出动大批的警力，防止游行变调。情势紧张，一触即发……

然而，令世人震惊的是，以上画面纯属想像！

这场透过社群网站自动发起的反恐游行，人人手里高举的是红白玫瑰，心中惦念的则是爱与和平。挪威总理史托腾柏格向群众坚定表达挪威政府的立场："尽管历经可怕的意外，挪威仍会是一个开放的社会！"、"邪恶可以打倒一个人，但是无法击溃一个民族！"挪威王储哈康上台发表讲话时，感性地说："今夜，这座城市的街道弥漫着爱，我们是以团结来对抗仇恨！"

很难想像，在这悲痛的时刻，挪威政府不是煽动人民情绪、藉机操弄民粹；反而是以高度智慧，呼吁人民克制、冷静，以团结代替仇恨，一起携手度过二战以来最黑暗的危机。

这是最黑暗的时刻，也是最光明的时刻。所谓"君子和而不同，小人同而不和"，凶手用暴力表达他的意见，这个国家的人民在悲痛中却以爱与和平的行动来回应。挪威人用高度理性的素养，共同携手度过国难；以君子风度，接纳这个震惊世界的悲剧。原因无他，人类的可贵之处，绝非以暴制暴，而是宽容与原谅、互信与互助。人与人之间的爱与信任，就是"义"的行为，也是人之所以为人的可贵之处。

难道挪威人也读《论语》吗？这一点我们不能肯定。但可以肯定的是：孔子早在两千五百年前提出的至理名言，即使到了现代，不仅没有被人淡忘，反而被一群金发碧眼、一个远在天边的民族发扬光大。也许有人认为《论语》已经过时、《四书》只是陈说。但从挪威恐怖攻击事件看来，这本书所传达的真理，不仅没有保存期限，反而放诸四海皆准。《论语》的智慧是无远弗届、超越时空的，关于这点，我们在挪威这个"君子国度"中亲眼见证到了！

延伸思考

一、如果遭到不合理的对待，例如：诬陷、排斥……，请问你会如何面对？

二、民主制度的基本精神就是"服从多数"，请问这个制度可能产生的问题有哪些?

引导式作文

就在挪威举行"反恐大游行"的同一日，瑞士极右政党，同时也是全国最大党，提出限制移民数量的公投。要接纳多元文化，还是保持单一民族，是西方国家最重要的政治议题之一。

请自拟题目，探讨你个人对多元文化的看法。

谈士与君子三：任重道远，坚持走自己的道路

——君子无悔的志向

（一）曾子曰："士不可以不弘毅[1]，任重而道远。仁以为己任，不亦重乎；死而后已，不亦远乎？"《泰伯第八》

（二）司马牛问君子，子曰："君子不忧不惧。"曰："不忧不惧，斯谓之君子己乎？"子曰："内省不疚[2]，夫何忧何惧？"《颜渊第十二》

（三）子曰："君子道者三，我无能焉：仁者不忧，知

---

① 弘毅：弘大刚毅。
② 内省不疚：反省所为，而没有愧疚。

者^①不惑，勇者不惧。"子贡曰："夫子自道^②也。"《宪问第十四》

导读：我是我命运的主宰，我是我心灵的统帅

春秋末期，有一位仁者怀着天下为公的大同思想，在穷困之时不改节操，在各国之间劳碌奔波。他，就是孔子。而二十一世纪的现在，这位仁者的风范是否还有存在的必要？他的价值观念是否值得我们继承？

答案是肯定的。因为在当代就有一位"现代孔子"，一位成就了不朽功业的伟大巨人。那就是一九九三年诺贝尔和平奖得主——尼尔森·曼德拉。

曼德拉和孔子一样，都是"无惧的勇者"。孔子历经陈蔡之厄，却不改其志；游历天下，只为坚持自己的理想；曼德拉也是。一九六二年，四十五岁的他便因反对种族隔离政

---

① 知者：知，音zhì，智者。
② 自道：自述。意即子贡认为孔子兼具三者的德行。

策，被白人执政的南非政府以叛国罪名关押长达二十七年。然而，枷锁与牢狱并不能锈蚀勇者的志节，正如孔子在颠沛流离之中依然片刻无违仁义。一九九〇年，南非政府在国际舆论的压力下，终于释放了曼德拉。

此外，曼德拉与孔子一样，是位"不惑的智者"。在礼崩乐坏的东周时代，孔子不受周遭环境的影响与迷惑，坚持走在正确的道路上，弘扬三代圣王的理念，期待尧舜、禹汤、文武、周公的王道政治能重现天下。而曼德拉也想要建立一个理想的社会、彩虹的国家、包容多元种族与肤色的大同世界。一九九三年南非第一次让黑人有了投票权，便把曼德拉送进了总统府。试想，一位被白人关了二十七年的黑人当上了总统，会是什么局面？白人的恐惧与黑人复仇的心态可想而知。但是，曼德拉却大声疾呼："我的黑人同胞们！把你们的武器丢入海中，而不是把白人丢入海中！"

曼德拉呼吁南非人民："放下仇恨，走向和平。不论是白人还是黑人，都是南非的子民。"权力是世界上最强力的春药，却迷惑不了曼德拉，反而是他用以展现人性光明面的利器；南非总统的称号，正是曼德拉带领南非人民迈向和平与自由的阶梯。曼德拉的胸怀使得他不仅仅是一位黑人总统，他已然是南非的孔子，是人类的崇高典范。终于，曼德拉以无私与宽容感动了所有南非人民，世界上第一首用五种语言演唱的国歌于焉诞生。

孔子与曼德拉的精神，只有"不忧的仁者"足以诠释。孔子"以天下为己任"的政治理念虽然未能实现，但他的影响超越了漫长的时间，历久不衰。曼德拉的影响也跨出了南非的疆域，遍及地球上的每一个角落。他曾谦虚地表示自己并非圣人，他也会犯错。可是综观他的一生，对人性光明的坚持、对人类福祉的追求，不正是儒家精神的完美典范吗？

孔子的精神难道不再有人继承发扬了吗？曼德拉用生命告诉我们，绝非如此。即使在最险恶的环境、最黑暗的时代，也要作自己命运的主宰，当自己心灵的统帅。因为你生命中的惊涛骇浪、试炼考验，在坚实的生命理念中，终究会将汗水与血泪锻制成不朽的传奇，垂范后世，永昭青史！

延伸思考

一、你最害怕的事情是什么？你可以怎样去克服它？

二、你认为这世上最重要的德行是什么？为什么？

引导式作文

有一首歌是这样唱的："永远不回头！不管路有多长。黑暗试探我，烈火燃烧我，都要去接受。"想想看，你可以坚持一生的志向是什么？你走上之后就能永远不回头的路又是什么？

请以《坚持》为题，找出你的人生道路，叙述你的人生理想，并且，请以你的生命与热情去实践它。

谈古今人物

谈古今人物一：再会吧！我的仇人

林盈盈

我在台湾教语文：教孩子学会做人的《论语》

原 文

（一）子曰："伯夷、叔齐不念旧恶①，怨是用希。"《公冶长第五》

（二）冉有曰："夫子为卫君②乎？"子贡曰："诺，吾将问之。"入，曰："伯夷、叔齐何人也？"曰："古之贤人也。"曰："怨乎？"曰："求仁而得仁③，又何怨？"出，曰："夫子不为④也。"《述而第七》

---

① 旧恶：他人过去的恶行。恶，音è。
② 卫君：卫出公，名辄。卫灵公死，立孙（辄）为君，晋国护送出逃的太子蒯聩（音 kuǎi kùi)回国，趁机侵卫，卫国出兵抗晋。此为父子争国的局面。
③ 求仁而得仁：伯夷、叔齐为了不当孤竹国的国君而逃走，最后因耻食周粟饿死于首阳山。兄弟二人求让国行仁，也得到了行仁的结果。
④ 夫子不为：孔子不会帮助卫君。因为孔子讲求相让的仁者行径，不会认同卫国相争的局面。

（三）齐景公有马千驷[1]，死之日，民无德而称焉。伯夷、叔齐饿于首阳之下，民到于今称之。其斯之谓与。《季氏第十六》

导读：成为"心比天宽"的人

法语文学家雨果说："世界上最宽阔的东西是海洋，比海洋更宽阔的是天空，比天空更宽阔的是人的胸怀。"做人的最高境界就是宽以待人。胸怀宽阔的人，在生活中喜乐平和、对人豁达大度、对事无所不容，于是赢得他人的尊敬与信任。

伯夷、叔齐是商末孤竹国的王子，为了体贴父亲的心意，两人相继推让王位，先后逃到周文王处。周文王死后，周武王起兵伐纣，伯夷、叔齐认为这是以暴易暴、以臣弑君，曾加以劝止。周武王灭商统一天下后，伯夷、叔齐以吃周朝的粮

---

① 千驷：四千匹马。驷，音sì，古代计算马匹的单位，马四匹为一驷。

食为耻，逃到山里，以野菜果腹，最后饿死于首阳山上。兄弟二人坚守为臣之节、为子之义，忠孝两全，最后虽然饿死，也可说是求仁得仁，所以，孔子赞美他们是"古之贤人"。

他们"严以律己，宽以待人"，满怀正义并展现高度的处世智慧。面对无法接受的事情，先选择积极处理（劝说周武王），直到现状难改，他们则退一步，选择离开现场（隐居首阳山），避免纷扰与争执。正因为他们临事不惧，凡事先思利人，再想自己，所以别人对他们的怨恨相对减少，孔子因而誉为"贤人"。

常言道"君子报仇十年不晚"，人若将仇怨深植心中，受伤最深的就是自己。常见的悲剧是：曾受家暴欺凌者，日后出现霸凌行为的机率，将较一般人高出许多，于是社会新闻中，家暴时有所闻，校园霸凌更是屡见不鲜。家人至亲，同窗至友，都是陪伴我们成长、彼此激励的人。如果我们愿意向仇怨说再见，人生就释放出更多的时间与空间，让我们体会彼此、了解彼此，创造更有意义的生活、更温暖的人间。

《孔子家语》："水唯善下能成海，山不矜高自极天；

圣人胸中有大道，得失成败在其中。"以史为镜，我们知道"不念旧恶"在表面上是与他人和谐，实际上是与自己和解，当我们效法山水，不争而让，剔除仇怨，便能领略伯夷、叔齐"不义而富且贵，于我如浮云"的胸怀；如果我们抛弃成见，泯除夙怨，宽厚待人，便能体会容人雅量。如果我们能让生命自由自在的接受挑战与危机，并积极贡献自我，成就团体，就能创造厚实而成功的人生。

延伸思考

一、你认同伯夷、叔齐处处以大局为重的退让做法吗？如果是你，你将如何抉择？

二、"霸凌"是当前校园最棘手的问题之一，在你心中，有效解决校园霸凌的良药为何？

引导式作文

典范如黑夜里汪洋中的一座灯塔；典范是狂风如浪的荒野里一棵擎天的大树；典范是人海茫茫中一个能让我们紧紧依靠的臂膀。在你的成长历程中，有一个能让你相信、依靠并学习的人吗？想一想他如何影响你的人格特质、价值观、及处事态度？他的影响为你带来了哪些意义？

　　请以《我心中的典范》为题，撰写一篇作文。

我在台湾教语文：教孩子学会做人的《论语》

谈古今人物二：点燃爱之火，
　　　　　　幸福夯起来！

林盈盈

原文

（一）微子①去②之，箕子③为之奴，比干④谏而⑤死。孔子曰："殷有三仁焉。"《微子第十八》

（二）子曰："为仁由己，而由人乎哉？"《颜渊第十二》

---

① 微子：纣王之庶兄，封于微地，"子"为爵名。
② 去：离开。
③ 箕子：纣王之叔父，封于箕（音jī）地。
④ 比干：纣王之叔父，官拜少师（丞相）。
⑤ 而：还是。

导读：为仁由己，功过自明

革命是抛头颅、洒热血，牺牲小我、完成大我的伟大工程，需要强大的意志与超越常人的力量，唯有仁者能主动实践置个人名誉于度外的理想，并带动全民幸福的大我风潮。

孔子曾极力赞美殷商的箕子、微子、比干为"仁者"。三人面对暴虐无道、荒淫无度、酒池肉林的纣王时，屡进谏言却毫无所获，只赢得君王继续长夜漫饮、酷刑取乐。于是，微子连夜抱着祖先的祭器逃亡国外；箕子于劝谏中遭剃头之辱，于是装疯卖傻，终被囚为奴；比干见人心崩溃、贤臣四散，奋力死谏，三日不去，纣王忍不住问他凭什么坚持？比干认为自己是"以仁心做出最适合国家的好事"。最后，纣王愤怒地以察看"圣人之心有七窍"为由，挖出了比干的心。比干死谏虽败，但众人旋即拥立了另一个深得民心的王朝——周。

历史告诉我们：仁人的革命即使在牺牲小我后，仍以失败收场，却能引领原来冷漠的众多心灵，体认现实的不足，付出努力解决困境，进而完成大我的理想。

延伸思考

一、比干为劝谏纣王遭挖心而无憾，可谓求仁得仁、忠心可鉴。比干的仁心应该奉献给百姓还是君王？如果比干不死，如何更有效地拯救国家百姓？

二、历史上的革命都是在非常之破坏后，创造非常之建设。你认为革命一定要建立在失败或破坏上吗？有没有更好的方法？

引导式作文

你满意自己的生活吗？有没有一件事情让你非争取不可，不争取会难过？你希望看见自己或大家幸福的模样吗？先说出你心中爱的理想，谈谈如何引发更多爱的力量，唤醒更多人用爱的行动建设更美好的社会。

请以《爱的力量》为题，撰写一篇作文。

谈古今人物三：要"成功"，也要"成仁"

林盈盈

原文

（一）子路曰："桓公杀公子纠，召忽死之^①，管仲不死。"曰："未仁乎？"子曰："桓公九合诸侯，不以兵车^②，管仲之力也。如^③其仁，如其仁。"《宪问第十四》

（二）子贡曰："管仲非仁者与？桓公杀公子纠，不能死，又相之。"子曰："管仲相桓公，霸诸侯，一匡^④天下，民到于今受其赐。微^⑤管仲，吾其被发左衽^⑥矣。岂若匹夫匹

---

① 召忽死之：召忽殉主而死。
② 不以兵车：不用武力、威力。
③ 如：乃、是。
④ 匡：匡正。
⑤ 微：无。
⑥ 被发左衽：披散头发、衣襟向左，此皆胡人风俗。

妇之为谅①也，自经于沟渎而莫之知也？"《宪问第十四》

（三）或问子产。子曰："惠人②也。"问子西。曰：
"彼哉③！彼哉！"问管仲。曰："人也。夺伯氏骈邑④
三百，饭疏食，没齿⑤无怨言。"《宪问第十四》

（四）子曰："管仲之器小⑥哉！"或曰："管仲俭
乎？"曰："管氏有三归⑦，官事不摄⑧，焉得俭？""然则
管仲知礼乎？"曰："邦君树塞门⑨，管氏亦树塞门。邦君为
两君之好，有反坫⑩，管氏亦有反坫。管氏而知礼，孰不知
礼？"《八佾第三》

———————————

① 谅：信实，遵守信用。这里指拘泥小的信义、小的节操。
② 惠人：爱人。
③ 彼哉：他这个人啊！
④ 骈邑：骈地的采邑。
⑤ 没齿：终身。
⑥ 器小：器量狭小。器，由见识与度量所产生的抱负。
⑦ 三归：三处公馆（犹言三处家宅）。
⑧ 官事不摄：家里的管事一人管一事，不兼职。
⑨ 树塞门：设立屏墙于门后。
⑩ 反坫：古代两君相会，主人敬酒完毕，置空爵（杯）于坫上。坫，音diàn，
正堂两侧设置安置酒杯的土台。

导读："仁"不一定完美

有一种领导者，以善变为专长，面对目标时，精准、细心、不拘小节、审时度势而为，直到达成目标为止，这种领导风格，我们称之为"变色龙型"。古时，辅佐齐桓公"九合诸侯"、"尊王攘夷"，成为春秋第一霸主的管仲，就是这类型的领导奇才。然而，管仲传奇的一生，却在历史上留下了截然不同的评价。

齐襄公晚年，政局纷乱。管仲精准判断出未来继承大位的人选。于是，与好朋友鲍叔牙、召忽，分别跟随了两位逃亡的公子。鲍叔牙辅佐小白，召忽与管仲辅佐公子纠。襄公辞世后，两位公子急奔回国，管仲决定不择手段，以杀害小白来夺得政权；而技高一筹的小白在腰带扣环中箭的同时，应声倒地诈死。随即火速回国即位，是为齐桓公。齐桓公即位后，杀公子纠，召忽殉主，管仲却因鲍叔牙的知遇推荐、齐桓公的雅量，摇身一变，成为齐国宰相。

子路与子贡都曾对管仲的变节，质疑他"不仁"。而孔子却能从天下着眼，说明管仲辅佐桓公称霸，不以武力会合诸侯、共御夷狄、保全中原文化、让人民安居乐业等事迹，便足称"仁德"。如果，管仲跟一般的小民一样，为保全忠心与节操而自杀，我们全都会沦为夷狄！

还有一次，有人问管仲是个怎样的人？孔子也以管仲的政绩来回答。伯氏犯罪，管仲剥夺他的土地，让他从此粗衣淡饭，而伯氏到死都没有埋怨过管仲。因此，也可称"仁"。可见，孔子肯定管仲的是：他以卓越的领导力，创造福利天下苍生的大节，而非仅仅着眼于个人荣辱的小节。

不过，孔子虽赞美管仲"仁德"，也曾讥讽身为宰相的管仲器识狭小。管仲一个人有三处公馆，奢侈而无度，在公馆的装潢上，逾越身分，僭礼而不当。宋代司马光也提到：管仲因为在食器、衣着与住屋上都过度讲究，才被孔子鄙视为器量狭小的人。孔子认为宰相除了致力治国、平天下之外，更需自我修养人格、推行教化，使国家长治久安。显然，如果就管仲的自我要求来说，是无法成"仁"的。

孔子说过"我欲仁，斯仁至矣！""仁"是儒家思想中的天赋人权，是每个人唾手可得的智慧；但是，人非圣贤，凡夫俗子无法做到"无终食之间违仁"，时时刻刻谨守

"仁"的准则。难道，这样就无法成就仁德吗？当然不是。

从孔子对管仲的评价可以知道，他对于"仁"的标准是"就事论事"，当一个人所做的事情，符合职分、以造福他人为目标，并完成对团体的贡献，就是成"仁"。反之，一个人所作所为违反职分、只想利己、享受，并未奉献他人，就不是"仁"了。所以，管仲"九合诸侯、一匡天下"是仁；让罪犯终生无怨，是仁；三归反坫，镂簋朱绂，山节藻棁则非仁。管仲只是将他在政治上，能够掌握的"仁"，发挥到极致，便成为一名卓越的领导者，创造了春秋时代齐国的强盛、各国间的和谐，并有效促成共御外侮的美事。

透过管仲，孔子让我们了解天下没有十全十美的人。如果我们愿意从一全一美开始做起，并诚恳面对、接纳自己的不完美，从领导自己开始，努力修养、改进，则"仁"将随侍左右，成为我们生命中的最佳支持系统。

延伸思考

一、敌人可以成为朋友、杀我之人将成就我的一世英名。如果你是齐桓公，你愿意相信管仲吗？为什么？

二、管仲只是设置了三处公馆、几个宫殿级的土台，就被孔子批评奢侈、僭礼、小器；现代人经常数幢豪宅、全身名牌……，则这些人的生命与价值又该如何被看待？

引导式作文

人非圣贤，天下没有十全十美的人。你发现自己的不完美了吗？是否体悟到了人为何有缺点？你是如何积极面对自己的不足，并努力改善的呢？请分享自己的心路历程。

请以《缺陷让我变得更美》为题，撰写一篇作文。

孔子的弟子

孔子的弟子一：朽木别再睡了！
宰我，醒醒！

陈怡嘉

原 文

（一）宰予①昼寝。子曰："朽木不可雕也，粪土之墙不可杇②也，于予与何诛③？"子曰："始吾于人也，听其言而信其行；今吾于人也，听其言而观其行。于予与改是。"《公冶长第五》

（二）宰我问曰："仁者，虽告之曰'井有仁④焉'，

① 宰予：以宰为氏，讳予，字子我，春秋鲁国人，小孔子二十九岁，和子贡同为孔门四科十哲中的言语科。
② 杇：wū，泥工抹墙之工作，此处作动词使用，涂抹之意。
③ 于予与何诛：对于宰予，不值得责备啊！与，助词，无义。诛，责备。
④ 仁：通"人"。

其从之也①？”子曰：“何为其然也？君子可逝也②，不可陷也；可欺也，不可罔也③。”《雍也第六》

（三）宰我问："三年之丧，期已久矣。君子三年不为礼，礼必坏；三年不为乐，乐必崩。旧谷既没④，新谷既升，钻燧改火，期⑤可已矣。"子曰："食夫稻，衣夫锦，于女⑥安乎？"曰："安。""女安，则为之！夫君子之居丧，食旨⑦不甘，闻乐不乐，居处不安，故不为也。今女安，则为之！"宰我出。子曰："予之不仁也！子生三年，然后免⑧于父母之怀。夫三年之丧，天下之通丧也。予也有三年之爱于其父母乎？"《阳货第十七》

---

① 其从之也：是说仁者是否入井营救。也，通"耶"。
② 君子可逝也，不可陷也：言君子可能受骗到井边救人，但不能使自己也被陷入井中。逝，前往。
③ 可欺也，不可罔也：言君子可能一时受骗，但不可能受不合理的事情所蒙蔽。罔，蒙蔽。
④ 没：尽。
⑤ 期：音jī，一年。
⑥ 女：音汝，同"汝"，你。
⑦ 旨：美味。
⑧ 免：离开。

我在台湾教语文：教孩子学会做人的《论语》

导读：孔门第一性格小生：宰我

我们在批评不肖子弟、不成材的学生用得最狠的一句话，就是"朽木不可雕也"，这句话最早的出处便来自《论语》，而这个白天打瞌睡，一睡被笑骂了两千多年的可怜苦主，就是宰我。

相较于子贡的举止合宜，宰我展现出的是独特的思辨能力，他勇于怀疑，敢于发表，封他为"孔门第一性格小生"可是一点都不为过。

相较于与孔子"言终日，不违"乖巧顺从的颜渊，宰我喜欢透过问题来思考，勇于挑战老师的见解，在《论语》中可说是独树一格。他对于孔子所说的"仁"提出质疑，以"井有仁焉"考验孔子对于牺牲性命成就仁德的看法，幸而博学多识的孔子以"君子不应盲目行仁，应该结合仁智来处理问题"，巧妙地回应了宰我的提问。

宰我面对向来重礼的孔子也无所畏惧，他竟敢质疑古人"守丧三年"的礼制实在太长了，一来三年不操作礼乐，必导致礼乐崩坏；二来稻谷成熟恰是一年时间，应继续劳动生产；因此，宰我认为守丧一年是最恰当不过了。然而，此话一出真是让孔子为之气结，反问宰我这么做是否心安理得时，没想到宰我竟然还说"安"，让孔子气得骂他"不仁"，没好气的说"女安，则为之！"宰我的问题虽然让人捏了一把冷汗，但倒也让人见识到他敢于思辨的一面。

"吾爱吾师，但吾更爱真理。"是西方三大思想家之一亚里士多德的名言，亚里士多德十七岁时跟从赫赫有名的柏拉图学习，在老师死后，他总结前人思想，创立了与老师截然不同的哲学体系。亚里士多德曾作诗赞美自己的老师："在众人之中，他也是唯一的，也是最初的。"但他在探究真理的道路上，却展现出不畏权威、不畏传统的极大勇气，他毫不掩饰自己与老师在思想上的分歧，也勇于批评恩师的错误，他不够"尊师重道"的行为在当时受到许多人的攻击，于是有了"吾爱吾师，但吾更爱真理。"这样响彻千古的名句。

推想宰我与亚里士多德的事迹，让我们对于"尊师重道"有了更进一步的思考："尊师重道"应该发挥在学习态度上，因此白天打瞌睡的宰我虽然让我们有会心一笑的理解，不过从孔子愤怒的回应中也不难看出老师对学生的期望，让我们省思"尊师"应该从正确的自我规范开始。"重道"并非一味的全盘接受，宰我与亚里士多德面对真理是毫不畏惧的，宰我对守丧三年的质疑，让孔子对此有更进一步的说明，让我们了解礼制的规范背后包涵了多么深厚的人情世故，因而感动莫名，更愿意奉行；而亚里士多德勇于从老师的学说中走出自己的路，开创更广博的哲学范畴，相信身为他的老师，也是与有荣焉的。

延伸思考

一、"宰我昼寝"是否严重？孔子对于宰我昼寝发怒的原因何在？

二、古时父母去世，守丧三年，守丧期间孝子要住草庐，睡草垫，枕土块，衣丧服，食粗食；《弟子规》里也有"丧三年，常悲咽，居处变，酒肉绝，丧尽礼，祭尽诚，事死者，如事生"的记录。你认为从古至今这样的做法是否合宜？原因为何？

引导式作文

法国启蒙思想家德尼·狄德罗曾说："真理喜欢批评，因为经过批评，真理就会取胜；谬误害怕批评，因为经过批评，谬误就要失败。"如果一个人确实能够洞悉不合理的观念，他就该为自己的理念作出坚持。

请以《我对□□□□的省思》为题，写作一篇文章。（"□□□□"可以是事情、思想或习以为常的规范等等）

孔子的弟子二：谁能比我更富有？

陈怡嘉

原 文

（一）子贡①曰："我不欲人之加诸我也，吾亦欲无加诸人。"子曰："赐也，非尔所及②也。"《公冶长第五》

（二）子贡曰："有美玉于斯，韫椟③而藏诸？求善贾④而沽⑤诸？"子曰："沽之哉！沽之哉！我待贾者也。"《子罕第九》

（三）叔孙武叔毁仲尼。子贡曰："无以为也。仲尼不

① 子贡：春秋卫人，姓端木，名赐，子贡是他的字。小孔子三十一岁，巧
言利辞，处世通达，为孔门四科十哲中言语科的典范。
② 非尔所及：不是你能做到的。
③ 韫椟：藏于柜中。韫，yùn 藏也。椟，匮（柜）也。
④ 善贾：识货的商人，比喻贤君。贾，通"价"。一说音gǔ，商人。
⑤ 沽：卖。

可毁也。他人之贤者，丘陵也，犹可逾^①也。仲尼，日月也，无得而逾焉。人虽欲自绝，其何伤于日月乎？多见其不知量也。"《子张第十九》

 ## 导读：孔门首富：子贡

孔门弟子中表现得最为杰出的，应该就属子贡了。孔子曾以"瑚琏之器"（宗庙祭祀时所用的贵重器皿）形容他，认为他能够发挥长才在政坛上有所贡献，也曾说："七十子之徒，赐最为饶益；不受命而货殖焉，臆则屡中，家累千金。"说子贡善于经商臆价，每每猜测物价都能百发百中，因此大发利市，累积了可观的财富。

子贡聪颖好学，果然不负老师所望，他运用口才游说各国，在外交上成功让鲁国免于被攻打的命运，还促成了齐国乱、吴国亡、晋国强、越国称霸的连锁效应。当孔子绝粮于陈蔡时，也是靠着子贡的口才与金援，才能幸免于难。他不仅

---

① 逾：越过、超越。

是外交家、政治家，还是"孔门首富"，更有"中国第一儒商"之称，他在商场上富而无骄，以仁义做生意，并且"博施于民而能济众"，慷慨解救鲁国的奴役于水火之中，不仅是孔门首富，更是为善最乐的富豪。

《EQ》一书的作者高曼曾说："在很多方面，一个人的成功与否，EQ才是关键因素。"子贡在各方面的杰出表现，除了他能善用自己的才能外，他通达重义的人格特质才是成功的主因。

在《论语》中，孔子与子贡的对谈很多，子贡善解人意，言词委婉，当孔子周游列国总是苦无机会时，子贡以"有美玉于斯"来探求老师的心意，既不伤老师的面子，又能了解老师的心情。他重情重义，胸襟开阔，孔子病了，子贡请求见老师，孔子挂着栯杖在门口等候着子贡，说："赐，汝来何其晚也？"翘首企盼之情，如等待自家儿孙；孔子死后，弟子们为老师守丧三年便离开了，唯独子贡又继续在老师的墓旁住了三年。

当叔孙武叔等人诋毁孔子时，子贡引用天与日月来比拟老师，极力为老师辩护。当别人推崇他"贤于仲尼"时，他谦虚地说颜渊闻一知十，自己只是闻一知二，他远不及颜渊，更何况是老师呢！"收徒应如端木赐"可谓众老师们的心声啊！

　　台湾的压克力之父许文龙，也是"儒商"的代表，他自幼困苦，白手起家创立了员工数超过二万六千人，营收额达三千亿元的奇美企业却不执著于财富。他以"幸福企业"为目标来经营公司，即使经济不景气也不随便裁员，信任干部给予充分授权，并且爱护员工给予优渥的福利，不仅让员工入股开风气之先，还率先实施周休二日，是唯一一家从来没有闹过劳资纠纷的公司。许文龙认为有钱还必须有内涵，他热爱钓鱼、拉琴、画画，充分享受人生，并耗资十余亿元成立奇美博物馆免费开放给民众参观，馆中所珍藏的名琴也大方出借给优秀子弟使用。他在台南成立奇美医院，让民众可以就近得到照顾。他诚实纳税是台南地区的缴税冠军，也是富豪典范，还设立了各种奖学金，帮助学子。

　　子贡与许文龙提供给我们新的财富典范，他们受人称扬的关键不在于他们富可敌国的财富，而在于他们致富的人格特质，他们通达人情，重情有义，闪耀着温煦的光辉，成为利己也利人的学习座标。

延伸思考

一、综观古今，"英雄"和"狗熊"常常只是一念之差，而人格特质更是左右一生成败的关键。若要为成功下定义，你认为成功者最主要的特质是什么？

二、子贡的优点不胜枚举，在诸多优点之中，你最欣赏哪一项？为什么？

引导式作文

常言道"有钱能使鬼推磨"，金钱是生活必须，财富为人人所爱，因此有人说"金钱并非万能，但没钱万万不能"，无怪乎社会上见钱眼开，为钱逐利的人比比皆是。然而，也有人说"钱财乃身外之物"，对于金钱的追逐只求够用就好，即使粗茶淡饭也能吃得津津有味。而你认为财富对你而言是什么？

请以《我的财富观》为题，写作一篇文章。

孔子的弟子三：好还要更好，
曾参做得到！

陈怡嘉

（一）曾子①有疾，召门弟子曰："启予足！启予手！《诗》云：'战战兢兢，如临深渊，如履薄冰。'②而今而后，吾知免夫③！小子！"《泰伯第八》

（二）曾子曰："士不可以不弘毅④，任重而道远。仁以为己任，不亦重乎？死而后已，不亦远乎？"《泰伯第八》

① 曾子：本名曾参，字子舆，春秋鲁国人，小孔子四十六岁，和父亲曾皙同为孔子学生。儒学五大圣人分别为"至圣孔子、后圣颜子、宗圣曾子、述圣子思、亚圣孟子"，而曾子为承上起下的人物。
② "战战兢兢"三句：比喻己常戒慎守身，如临深渊深恐坠落，如履薄冰深恐陷溺，不敢懈怠。
③ 吾知免夫：我知将免于毁伤。
④ 弘毅：弘大刚毅。

孔子的弟子

二〇五

（三）曾子曰："吾日三省吾身：为人谋而不忠乎？与朋友交而不信乎？传不习乎？"《学而第一》

🌼 导读：孔门第一传人：曾参

曾参不仅是孔门第一传人，也是孔门中有名的孝子。关于曾参孝顺的故事不少，在《二十四孝》中有段"啮指心痛"的故事便是记载他与母亲母子连心的故事。曾参曾说"身体发肤，受之父母，不敢毁伤，孝之始也"，因此到死都努力维护自己的名誉与健康。他尽孝的故事满载于史册之中，让后生晚辈们惭愧不已，他不仅是"孔门第一孝子"，也靠着自身不断努力的修养心性，赢得了世俗一致的赞扬与钦佩，真正的达到"立身行道，扬名于后世，以显父母，孝之终也"的最高目标。

孔子曾说："孝，德之始也；悌，德之序也；信，德之厚也；忠，德之正也。参也，中夫四德者矣哉！"被孔子誉为

---

① 传：传授的道业。

四德之人的曾参，其实刚入孔门学习时也曾被孔子评论为资质鲁钝、反应慢，认为他先天不优，学习成果实在不怎么出色。

然而，即便资质不如其他弟子，入孔门也晚，曾参却凭靠着孜孜不倦的奋斗和每日三省吾身的自律，在几十年的努力下，终于摇身一变成为"孔门第一传人"。他著《大学》、写《孝经》、带领孔门弟子编辑《论语》，还教导孔子的孙子子思，种种的努力让儒家学说得以在文字和讲学中传承不辍。他克服了先天的鲁钝，成为儒家最主要的继承人，成为承先启后的关键人物。

聪明才智不是决定成就的主因，态度才是决定高度的关键，孝子曾参秉持着正确的信念——"即使鲁钝，也要自强不息"的精神，让他像龟兔赛跑中的乌龟一样最终抵达了终点，说出"天才是百分之一的灵感加上百分之九十九的努力"。的爱迪生小时候被误认为笨蛋却从不气馁，最终成了发明大王，两人后天的努力都是值得后人学习的典范。

以《我那好得不像话的人生》一书激励人心的力克·胡哲，自幼罹患海豹肢症，天生没有四肢，曾经三次自杀，幸好都获救。在十岁那年，第一次意识到"人要为自己的快乐负责"，他才真正的产生勇气去面对自己的肢体残障，勇于突破局限，最后在游泳、潜水、踢足球、溜滑板、打高尔夫球等方面都有出色的表现，他说"错的不是你或你的身体，而是你对自己的人生设限"。他没手没脚却奔向全世界，以"激励他人"为生命目标后，创设"没有四肢的人生"非营利组织，实行各种创意行善，至今已在五大洲超过二十五个国家举办了一千五百多场演讲，有六亿人听说了他的勇气人生从而获得了启发！

"平静的海浪无法训练出优秀的水手"，天赋不是决定生命价值的唯一条件，真正的价值在于是否将老天所赋予的一切全部发挥出来。不论是原本鲁钝最终成为孔门第一传人的曾子、发明大王爱迪生，或是"从一无所有，到一无所缺"的力克·胡哲，都证明了一件事——"天才免不了有障碍，因为障碍会创造天才。"（罗曼·罗兰）

延伸思考

一、曾子临终之时，要弟子"启予足！启予手"的目的

我在台湾教语文：教孩子学会做人的《论语》

何在？《孝经》首篇开宗明义便说"身体发肤，受之父母，不敢毁伤，孝之始也"的原因何在？

二、曾子"三省吾身"的功夫使他逐日进步，最终成为孔门第一传人。倘若要效法曾子的精神，那么让你用来"三省吾身"的三件事是什么？

引导式作文

不向残疾低头的力克·胡哲说："你的心比世界上任何一颗钻石都珍贵！你相信自己，还是相信别人怎么看你？"了解自己的能力，体现自己的专长，进而发挥自己所拥有的一切，就能达到你想去的地方！你的天赋是什么？你又想站在哪一个领域让生命发光？

请以《我的志向》为题，写作一篇文章。

孔子的弟子四：六十六天护一生！

王 陈怡嘉

原 文

（一）子曰："道不行，乘桴①浮于海。从我者，其由与？"子路②闻之喜。子曰："由也好勇过我，无所取材③。"《公冶长第五》

（二）颜渊、季路侍。子曰："盍④各言尔志？"子路曰："愿车马衣轻裘与朋友共敝⑤之而无憾。"颜渊曰："愿

---

① 桴：fú 木筏。
② 子路：姓仲名由，字子路，一字季路，春秋鲁国人。少孔子九岁，曾在鲁国及卫国当官，名列孔门四科十哲的政事科之一。子路除了率真勇敢之外，还是个侍母至孝的孝子，二十四孝有"负米供甘旨，宁辞百里遥；身荣亲已没，犹念旧劬劳"的记载。
③ 无所取材：意指不能裁度事理。材，通"裁"，裁量。
④ 盍：何不。
⑤ 敝：破旧。

无伐善①，无施劳②。"子路曰："愿闻子之志。"子曰：
"老者安之，朋友信之，少者怀之。"《公冶长第五》

（三）子谓颜渊曰："用之则行③，舍之则藏，唯我与尔
有是夫。"子路曰："子行三军，则谁与？"子曰："暴虎
冯河④，死而无悔者，吾不与也。必也临事而惧，好谋而成者
也。"《述而第七》

 ## 导读：孔门第一勇士：子路

英国心理学家沃德尔教授实验发现，大约经过六十六天
的坚持之后，人们就会做到"习惯成自然"，把好习惯转变成
个性的一部分，不再需要刻意坚持。"性格决定命运"是真的
吗？让我们来思考子路的故事。

有一位好勇斗狠的青年，天生孔武有力，有着过人的勇

---

① 伐善：夸耀才能。伐，夸耀。
② 施劳：夸耀功劳。施，夸耀。
③ 行：施行，即担任官职。
④ 暴虎冯河：徒手搏虎，无舟徒步过河。

气，平常喜欢在头上插着雄鸡的羽毛，在腰间佩戴野猪的牙齿来展现他的勇猛，一般人看他这副模样都吓得退避三舍，连忙叫声"大哥"。这个行侠仗义的铁汉原本应该是江湖上的角头老大，却因为遇见了孔子"七十二变"成了勤政爱民的好官，成为名列孔门四科十哲的政事科之一的贤人，他就是大名鼎鼎的子路。

就像哆啦A梦忠心耿耿地帮助大雄一样，子路对待朋友也是大方无私的，他说"愿车马衣轻裘与朋友共敝之而无憾"，坚持"好东西要与好朋友分享"的态度无人能及。子路充满自信，即使穿得破破烂烂与穿着华丽的朋友在一起，他也不会嫉妒他人、不会因为自己的穷酸而害羞。他率真勇敢，孔子曾说能跟着他一起共患难的学生，大概只有子路了。

真挚可爱的子路，乐于分享、重义气可以是最好的朋友，他努力求知、重实践也可以是最棒的学生。子路是《论语》中空前绝后的行动派大弟子，他是"孔门第一勇士"，是孔子的贴身侍卫，也是孔子最爱的学生之一。

然而，子路却在六十三岁时因为担任卫国大夫孔悝的蒲邑宰，在卫国发生内乱时因为参与斗争而被剁成肉酱，让孔子为他的死痛不欲生。孔子深切的悲痛在于多年来的教诲，未能看到弟子付诸实现的伤心，这个"孔门第一勇士"没有因为他的勇敢让他幸免于难，反而因为无法谨记老师的提醒而终究走向悲叹的结局！

"性格决定命运"，一个人若不能认清自己的缺点，修正性格上的缺失，便像命运里有着重重陷阱一般，即便躲过了一劫又一劫，最终还是在劫难逃。子路的个性像是双面刃，他率真勇敢的优点一不小心便成了率性而为、好勇莽撞，他勇往直前的行动力一不小心就让他一去不复返、魂魄归西。他的致命伤既是他的优点也是他的缺点，因此，在《论语》中我们总是看到孔子骂他"暴虎冯河"，说他"好勇过我，无所取材"，要他多"退之"。

然而，一个人最大的敌人就是自己，子路即便尊师重道，喜爱聆听老师的教诲，最终还是无法战胜自己的缺点。当同为孔子学生也在卫国当官的子羔劝子路不要前往动荡不安的卫国时，子路还是单枪匹马的上阵了，六十三岁的子路还是不改冲动好勇的个性，最终还是牺牲了。

如果孔子知道沃德尔教授的实验理论，便让子路在年轻时有六十六天时间，天天佩带计时器，训练子路在行动前规定自己多思考一、两分钟；那么，子路或许日后就不会那么冲动行事，也就可以安享天年了！如果一个人能在知道自己的缺点后，努力地修正自己，那么，他必定能突破许多性格的盲点，避免更多遗憾与懊悔，成为一个更棒的人！

延伸思考

一、子路之勇是真实的勇气吗？真实的勇气应该具备什么样的条件？

二、子路是你所欣赏的类型吗？而你欣赏与否的原因为何？

引导式作文

观念决定行为，行为决定习惯，习惯决定性格，性格决定命运。性格的表现，在于我们的思维习惯和行为习惯，正是这两种习惯决定了我们的命运。英国心理学家沃德尔说："好习惯养成要靠环境和计划的影响，坏习惯对这二者同样依赖。"如果有六十六天可以让你从此改变你的人生，你最想改变自己个性中的哪一部分？又有什么样的实践计划？

　　请以《生命中的六十六天》为题，写作一篇文章。

孔子的弟子五：颜渊，不要再撑啦！

陈怡嘉

原文

（一）哀公问："弟子孰为好学？"孔子对曰："有颜回①者好学，不迁怒，不贰过。不幸短命死矣！今也则亡②，未闻好学者也。"《雍也第六》

（二）子曰："贤哉，回也！一箪③食④，一瓢饮，在陋巷，人不堪⑤其忧，回也不改其乐。贤哉，回也！"《雍也第六》

---

① 颜回：春秋鲁国人，字子渊，亦称颜渊，小孔子三十岁，是孔门四科十哲中德行科的高材生，也是七十二门徒之首。
② 亡：通"无"
③ 箪：竹器，盛饭的器具。
④ 食：名词，饭。
⑤ 堪：忍受。

我在台湾教语文：教孩子学会做人的《论语》

（三）子谓颜渊，曰："惜乎！吾见其进也，未见其止也。"《子罕第九》

导读：孔门超完美先生：颜渊

若孔门有举行毕业典礼，那么颜渊无疑是可以领到最多奖状的学生，他是"孔门之最"——最好学、最有德、最让孔子欣赏、最安贫乐道，甚至还可以说他是最没欲望，也是最压抑的榜首。

颜渊相当勤奋好学，对于老师的教导他总是"不违"，连孔子都赞叹他"见其进也，未见其止"，子贡对他"闻一知十"也是佩服不已。颜渊的修养更是令人敬佩，孔子问弟子的志向时，大家滔滔不绝谈着理想抱负，只有颜渊是以"无伐善，无施劳"的道德修养为努力目标，而他"不迁怒，不贰过"更是至今无人能及。

颜渊的贫困也是家喻户晓。有次孔子问他午餐吃了什么，他说吃了一张饼、一些粥。孔子感到疑惑，问他："你那么贫困，哪来钱买饼吃呢？"颜渊说："粥放凉后，上面浮着一层薄膜，那便是饼。"孔子看到颜渊处于"人不堪其忧"的贫困中，却能"不改其乐"的自得，不禁发出"贤哉回也"的赞叹。

当孔子问他为何不出来做官时，他说自己目前的情况已"足以自乐"且终身愿意以"贫如富，贱如贵"即安贫乐道的态度过生活。读到这，我们不禁也要颁给颜渊"超完美先生"的奖牌了，因此他在历史上也得了个"复圣"的称号。

可惜颜渊有才无寿，年届不惑就与世长辞了，颜渊死时孔子悲伤地直说"天丧予！天丧予！"而孔子的悲叹更加凸显了这个学生在老师心中的地位。后代探究颜渊的死因，都说颜渊是太贫困导致营养不良、体弱多病而早死。安贫乐道的颜渊虽然树立了无法超越的道德典范，不过身为饮食男女的我们即便可以吃得简单清淡，但也不能为了修养德行，而不工作赚钱以维持基本开销，更不能因此而失去宝贵的生命啊！

试想如果这个IQ高、EQ也高的"完美版二号孔子"不要每天待在陋巷里，能够出去工作赚点钱，长命百岁一点，那么他的生命必定活得更有价值！以他的学识修养也可以开班授课，像孔子一样只要有"束脩"就能招来入门弟子，不仅可以营养充沛一点，还可以将一生所学及最好的风范传授给子弟。他可以成为作家，将学识化为文字，以他的知名度和权威度必能使儒家思想更加发扬光大。他还可以去当官，发扬儒家理念治理国家，实现所学，完成孔子的理想。或者，还可以每年定期开创修身养性营队，让大家一起修养身心，净化思虑，共创和谐的社会。

　　"超完美先生"因营养不良而早死总是令人遗憾，如果"超完美先生"不要只执重自我在刻苦中的德行修养，而是"推己及人"的在健康的身心下积极淑世，那么颜渊或许能像当今台湾的证严法师一样，成立有德有善行的儒家仁心基金会，成为改写历史的影响人物之一呢！

延伸思考

　　一、颜渊"不迁怒，不贰过"的精神足以效法，你是否也有过类似的经验？或者有总是无法改变的缺点？缺点依然存在的原因又是什么呢？

　　二、在孔门弟子中，你最欣赏哪一位？为什么？

引导式作文

颜渊对于欲望的需求很低，因此能安贫乐道。印度哲学家克里希那穆提说："对欲望不理解，人就永远不能从桎梏和恐惧中解脱出来。如果你摧毁了你的欲望，可能你也摧毁了你的生活。如果你扭曲它，压制它，你摧毁的可能是非凡之美。"拿破仑也曾说："人是欲望的产物，生命是欲望的延续。""欲望"无所不在，它既可以成人之美，也能成人之恶，对于"欲望"你有什么样的体会？

请以《欲望》为题，写作一篇文章。